Reclam Literaturunterricht

Sachanalysen. Stundenverläufe. Arbeitsblätter

Annette von Droste-Hülshoff
Die Judenbuche

Von Annemarie Niklas

Reclam

Abkürzungen und Symbole

EA Einzelarbeit
PA Partnerarbeit
GA Gruppenarbeit
UG Unterrichtsgespräch
LV Lehrervortrag
SV Schülervortrag

* Kennzeichnung eines zusätzlichen Arbeitsauftrags bzw. Unterrichtsschritts auf erhöhtem Niveau (für Binnendifferenzierung)
HA Hausaufgabe

Verweis auf die zugehörige Ausgabe:
Annette von Droste-Hülshoff: Die Judenbuche. Hrsg. von Yomb May. Stuttgart: Reclam, 2021.
(Reclam XL. Text und Kontext. 16118.)
Stellenangaben mit Seiten- (und Zeilen)zähler beziehen sich auf diese Ausgabe.

Code für editierbare Arbeitsblätter und Vorlagen

Alle für den Unterricht benötigten *Arbeitsblätter* und *Vorlagen* (Bilder und Texte) sind digital auf der Webseite **www.reclam.de/lehrer_judenbuche** zum Download verfügbar. Bitte geben Sie folgenden Code ein:

3gGwsk5T

FSC
www.fsc.org
MIX
Papier aus verantwortungsvollen Quellen
FSC® C016368

Reihenkonzept: Max Kämper

Reclam Literaturunterricht | Nr. 15814
2021 Philipp Reclam jun. Verlag GmbH,
Siemensstraße 32, 71254 Ditzingen
Druck und Bindung: Elanders GmbH,
Anton-Schmidt-Straße 15, 71332 Waiblingen
Printed in Germany 2021
RECLAM ist eine eingetragene Marke
der Philipp Reclam jun. GmbH & Co. KG, Stuttgart
ISBN 978-3-15-015814-2
www.reclam.de

Inhalt

Vorbemerkung

Die Judenbuche begründet, neben dem lyrischen Werk, Annette von Droste-Hülshoffs Ruf als einer der bedeutendsten deutschen Dichterinnen. Der Text erscheint erstmals 1842 und wird 1876 in die populäre Reihe *Deutscher Novellenschatz* aufgenommen. Seither gehört er zum literarischen Kanon.

Auf den ersten Blick scheint der relativ kurze Text, dessen Handlung einen spannenden Kriminalfall in den Mittelpunkt stellt, ideal für den Unterricht in der Mittelstufe geeignet. Bei genauerem Hinsehen erweist sich *Die Judenbuche* aber in jeder Hinsicht als sperrig: Sie entzieht sich einer eindeutigen Gattungs- und Epochenzuordnung, und die Handlung ist höchst vieldeutig. Der Unterricht wird also durchaus zur Herausforderung, wenn man nicht den einfachen Weg gehen will, die Komplexität der Textvorlage schlicht auszublenden. Der Unterrichtsvorschlag fasst diese Komplexität ins Auge und stellt die Vieldeutigkeit der Handlung in den Mittelpunkt. Dazu bedient er sich eines Konstrukts, das das Thema in die aktuelle Lebenswelt der Lernenden rückt: *Die Judenbuche* wird aus heutiger Sicht als nicht zufriedenstellend gelöster »Cold Case« verstanden, den die Schülerinnen und Schüler neu aufrollen sollen. Eine didaktische Reduktion ist jedoch an manchen Stellen unumgänglich: Die literarischen Grundbegriffe der »Novelle« und des »Biedermeier« werden zwar eingeführt, aber nicht in größerem Umfang problematisiert. Lediglich die Gattungszuordnung zur »Criminalgeschichte« wird vertieft besprochen, da sich hier unmittelbare Bezüge zu den literarischen Vorerfahrungen der Lernenden herstellen lassen.

Benutzungshinweise

Der Band enthält elf aufeinander aufbauende Unterrichtsstunden und zwei Klausuraufgaben mit Lösungsvorschlägen.

Jedes Kapitel besteht aus zwei Teilen:
- **Sachanalyse** mit einem praxisorientierten, auf den Unterrichtsverlauf bezogenen Interpretationsangebot
- **Unterrichtsverlauf** mit (a) kurzem Überblick über Thema und Ziel, (b) den Unterrichtsschritten in tabellarischer Übersicht und (c) ausführlichen Erläuterungen zu den einzelnen Unterrichtsschritten

Jedes Kapitel bietet alle für den Unterricht benötigten Materialien:
- kopierfähige **Arbeitsblätter** (ggf. mit Lösungsvorschlägen im Anhang)
- **Vorlagen** (Bilder oder Texte)
- **Tafelbilder** (Vorschläge für die mediale Präsentation)

Jedes Kapitel enthält an allen geeigneten Stellen Hinweise für
- einen möglichen **verkürzten Verlauf** (als **fakultativ** gekennzeichnete Unterrichtsschritte)
- eine mögliche **Binnendifferenzierung** (die entsprechenden Arbeitsaufträge auf erhöhtem Niveau sind mit einem Asterisk * gekennzeichnet)

Aufbau der Unterrichtseinheit:
- Stunden 1 und 2: Als Einstiegsmotivation sollen Vorerfahrungen der Schülerinnen und Schüler zum Thema »Krimi« aktiviert werden. *Die Judenbuche* wird dann (vorläufig) als Krimi angekündigt und als Hausaufgabe (vollständig) gelesen. Die Uneindeutigkeit vieler Textstellen wird problematisiert.
- Stunden 3–8: Im Mittelpunkt steht die Idee, den »Cold Case *Judenbuche*« mit modernen Mitteln zu lösen. Dazu wird der Originaltext analysiert und interpretiert. Die Textarbeit mündet in kreatives Schreiben.
- Stunden 9–11: Abrundung mit Hintergrundinformationen zu Autorin, Gattung und Epoche.

Textgrundlage ist die Ausgabe:

Annette von Droste-Hülshoff: *Die Judenbuche*. Hrsg. von Yomb May. Stuttgart: Reclam, 2021. (Reclam XL. Text und Kontext. 16118.)

Hinweis: Die Reihe *Reclam Literaturunterricht* achtet auf gendergerechte Sprache. Aus Gründen der Lesbarkeit wird in seltenen Fällen davon abgewichen, immer sind aber alle Geschlechter gemeint.

1 Einen Krimi lesen …

Sachanalyse

Dem ersten ausführlicheren Entwurf der Erzählung, der zwischen 1820 und 1830 entstand, gibt Annette von Droste-Hülshoff den Titel »Friedrich Mergel, eine Criminalgeschichte des 18ten Jahrhunderts«[1]. Darauf fußt eine geläufige[2] Zuordnung des Textes zur Kriminalliteratur, die sich auch in der aktuellen Einordnung des Buchs unter »Krimis & Thriller«, etwa bei Amazon widerspiegelt. Dennoch bleibt diese Einordnung fragwürdig und wird in der Fachliteratur auch kontrovers diskutiert.[3] Das liegt unter anderem daran, dass sich das Genre zwischen 1830 und 1890 überhaupt erst entwickelt und ausdifferenziert.

Auch heute noch besteht in »der literaturwissenschaftlichen Forschung […] nach wie vor keine einheitliche Terminologie hinsichtlich der Gattung, ›die Vorgänge um Mord und Verbrechen auf spannend-unterhaltsame Weise präsentiert‹«.[4] Allerdings ist der Oberbegriff »Krimi« in den letzten Jahren zunehmend üblich geworden. Ausdifferenziert wird dieser in Detektiv- und Verbrechensgeschichten, sowie den »Thriller« als Strukturtypen.[5]

(1) Die Detektivgeschichte: Typisch für die Detektivgeschichte ist der klar strukturierte Aufbau. Zu Beginn geschieht ein Verbrechen, dessen Rekonstruktion und Aufklärung durch einen Detektiv, der sich durch besondere Intuition, Klugheit usw. auszeichnet, geschildert wird. Typische Charakteristika dieser Geschichten sind falsche Spuren (*red herrings*), uneindeutige, oft dem ersten Blick verborgene Indizien und unschuldige Verdächtige. Der Leser rätselt mit, wird aber in der Regel von den brillanten Schlussfolgerungen des Detektivs zum bis zuletzt geheimnisumwitterten Tathergang überrascht.

In den Krimis für Kinder werden vor allem diese klassischen Detektivgeschichten realisiert. Klassiker sind etwa Astrid Lindgrens *Kalle Blomquist*, mehrere Serien von Enid Blyton, wie die *Geheimnis um …*, die *Schwarze Sieben* usw. oder die populäre Kinderbuchserie *Die drei ???*. Auch in der aktuellen Kinder- und Jugendliteratur ist die Detektivgeschichte nach wie vor ein beliebtes Genre.

(2) Die Verbrechensgeschichte: Die »Verbrechensliteratur« fragt »nach dem Ursprung, der Wirkung und dem Sinn eines Verbrechens und damit nach der Tragik der menschlichen Existenz«[6]: Sie gebe Einblick in das kriminelle Milieu und in Taten und Motive der Täter. Sie binde das Interesse der Lesenden durch den faszinierenden Schrecken, der von der Welt des Verbrechens auf den »Normalbürger« ausgehe, sei aber in der Kinder- und Jugendliteratur eher selten zu finden, so Andreas Seidler. »Charles Dickens' Klassiker *Oliver Twist* (1838) ließe sich z. B. als eine solche Verbrechensgeschichte lesen.«[7]

(3) Der Thriller »definiert sich vor allem über seine emotionale Wirksamkeit«, »Spannung und Aufregung [sind] die wichtigsten Elemente«.[8] Er wird gemeinhin noch weiter ausdifferenziert, etwa in den Psychothriller, Politthriller, Katastrophenthriller, Verschwörungsthriller, Agenten- und Spionagethriller, romantischen Thriller, Erotikthriller u. a. Thriller finden sich eher in der Jugendliteratur als bei den Kinderbüchern. Zu nennen sind etwa die Bücher von Mel Wallis de Vries, z. B. *Wer sich umdreht oder lacht …*, oder *Alex Rider* von Anthony Horowitz (beide empfohlen ab 14 Jahren). Ein bekanntes Filmbeispiel wäre *Ich weiß, was du letzten Sommer getan hast* (1997, Jim Gillespie; FSK 16).

1 Lars Korten, »Die Judenbuche«, in: *Annette von Droste-Hülshoff Handbuch*, hrsg. von Cornelia Blasberg und Jochen Grywatsch, Berlin/Boston 2018, S. 506.
2 Vgl. ebd., S. 516.
3 Vgl. ebd., S. 516 f.
4 Günter Lange, »Krimis für Kinder und Jugendliche«, in: *Taschenbuch der Kinder- und Jugendliteratur I*, hrsg. von G. L., Baltmannsweiler 2005, S. 530.
5 Vgl. ebd.
6 Peter Nusser, *Der Kriminalroman*, Stuttgart/Weimar ³2003. S. 1.
7 Andreas Seidler, »Krimi – Hauptsache Spannung«, www.boysandbooks.de/fileadmin/templates/images/PDF/Erzaehlmuster_Krimi.pdf (Stand: 14. 12. 2020).
8 Simon Ofenloch, »Über den Thriller« (arte 2011), web.archive.org/web/20140413154610/http://www.arte.tv/de/3717982,CmC=3728700.html (Stand: 14. 12. 2020).

Unterrichtsverlauf

Überblick. Die Schülerinnen und Schüler aktivieren im Rahmen eines Knowledgecafés ihr Wissen und ihre literarischen Vorerfahrungen zum Genre »Krimi«, ergänzen und vervollständigen diese. Sie werden über die Erwartungshaltung, einen Krimi zu lesen, neugierig auf die Erzählung. ! **Verkürzter Verlauf: 1.1 – 1.2 – 1.3**

Phase	Thema	Sozialform	Kompetenzen/Lernziele	Materialien
Voraussetzungen: keine. Vorbereitend: Mitbringen von Krimis und Thrillern (Bücher, DVDs)				
1.1	Einstieg: Aktivierung von Vorerfahrungen zum Thema »Krimi«	UG	• Vorwissen aktualisieren • Positive Erwartungshaltung aufbauen	VORLAGE 1a ➤ S. 7 Internetzugang
1.2	Erarbeitung: Knowledgecafé zum Thema »Kriminalgeschichte«	GA	• Aktivierung des Wissens zum Genre »Kriminalgeschichte« • Wissensaustausch	VORLAGE 1b ➤ S. 8 Papiertischdecken, Snacks, Getränke
1.3	Sicherung: Destillat aus dem Knowledgecafé	SV / UG	• Austausch zum gesammelten Fachwissen • Festhalten von Fakten	ARBEITSBLATT 1 ➤ S. 10 Internetzugang
1.4 **fakultativ**	Vertiefung: Destillat aus dem Knowledgecafé ergänzen	LV / UG	• Ergänzung fehlender Fakten zum Genre »Kriminalgeschichte«	ARBEITSBLATT 1 ➤ S. 10
HA	»Wir lesen einen – 200 Jahre alten – Krimi!«			*Die Judenbuche*, Reclam XL, S. 3–58

Hinweis. Die Anwendung der Einführungsstunde zum Thema Krimi folgt am Ende der Gesamtsequenz um den Text (8. Stunde), so dass diese beiden Stunden einen Rahmen bilden.

Vorbereitende Hausaufgabe. Die Schülerinnen und Schüler sollen Krimis und Thriller mitbringen, die sie kennen. Es gibt hier zahlreiche Möglichkeiten: Kinderbücher/-serien, Comics, Jugend- und Erwachsenenliteratur, aber auch Texte in Nicht-Printmedien, etwa Hörbücher, DVDs, evtl. auch Games und sogar Internetadressen, falls im Unterricht die Möglichkeit besteht, via Handy, Tablet usw. online zu gehen.

1.1 Einstieg: Aktivierung von Vorerfahrungen zum Thema »Krimi«

UG

VORLAGE 1a
➤ S. 7
Internetzugang

Unterrichtsschritt. Man kann visuell (Abbildung auf VORLAGE 1a ***Die Kriminalerzählung***) und auditiv (z. B. mit dem Trailer der Fernsehserie *Tatort*, die auch bei Jugendlichen bereits einen hohen Wiedererkennungswert hat: www.youtube.com/watch?v=gvalGxHcgCw) auf das Thema »Krimi« verweisen.

Erläuterungen. In der Studie *Büchermonitor Deutschland Oktober 2017* wurden die Lesevorlieben der Deutschen erhoben: »Spannung und Rätsel haben es den Deutschen angetan, denn die beliebtesten Literaturgenres sind bei Weitem Krimis und Thriller – sie werden von etwa der Hälfte der Deutschen häufig gelesen« (www.splendid-research.com/de/statistiken/item/umfrage-krimi-thriller-genre-beliebtheit.html). Bei den Kindern und Jugendlichen sind es vor allem die Jungen, die bei der Untersuchung von Buchpräferenzen von Zweit- bis Zehntklässlern durchgehend Krimis und gruselige Lesestoffe goutieren (vgl. Maik Philipp, »Lesen und Geschlecht 2.0«, 2011, www.leseforum.ch/sysModules/obxLeseforum/Artikel/448/2011_1_Philipp.pdf, S. 12). Ziel dieser Unterrichtseinheit ist es, positive Vorerfahrungen zu dem Genre »Krimi« zu aktivieren und damit eine Erwartungshaltung zu schaffen, die das Leseinteresse an der *Judenbuche* weckt. Dies geschieht in dem Wissen, dass die Erwartungen nicht vollständig erfüllt werden, da die Erzählung kein klassischer Krimi ist (vgl. 8. Stunde, S. 49).

VORLAGE 1a

Die Kriminalerzählung

<u>*Café – Runde 1:*</u>

Verbrechensgeschichte:

Der Täter und sein Verbrechen stehen im Mittelpunkt der Erzählung.

<u>*Café – Runde 3:*</u>

Detektivgeschichte I:

Ein Detektiv / eine Detektivbande und ihre Arbeit steht im Mittelpunkt der Erzählung.

<u>*Café – Runde 2:*</u>

Thriller:

Spannung und Nervenkitzel stehen im Mittelpunkt der Erzählung.

<u>*Café – Runde 4:*</u>

Detektivgeschichte II:

Die Lösung des Verbrechens als Rätsel für Detektiv und Leser steht im Mittelpunkt der Erzählung.

1.2 Erarbeitung: Ein Knowledgecafé zum Thema »Kriminalgeschichte«

Unterrichtsschritt. Die Schülerinnen und Schüler führen ein Knowledgecafé mit folgenden Leitfragen durch: GA

- Welches Wissen zu den Subgenres der Kriminalgeschichte ist vorhanden?
- Welche der Lerngruppe bekannten Krimis passen zu dem jeweiligen Subgenre?
- Was für Schlüsse über das Subgenre können aus den bekannten Texten gezogen werden?
- Welche Bücher, Fernsehserien oder Filme zu dem jeweiligen Subgenre können empfohlen werden? Warum?

VORLAGE 1b ➤ S. 8
Papiertischdecken, Snacks, Getränke

Erläuterungen zur Methode »Knowledgecafé«: Die Methode wurde eigentlich für Fachtagungen in der Wissenschaft entwickelt, lässt sich aber mit leichten Modifikationen auf die Schule übertragen. Die Idee ist, dass die Teilnehmenden, wie in einem Café, locker über ein Thema ins Gespräch kommen und das vorhandene Wissen in der Gruppe aktiviert wird. Die Methode eignet sich hier sehr gut, da die Schülerinnen und Schüler in der Stunde vor allem über persönliche (Lese-)Erfahrungen zum Krimi sprechen sollen. Es ist kein Problem, wenn sie dabei auch einmal abschweifen, in Details gehen usw. Falls Vorwissen zu den Subgenres der Kriminalgeschichte vorhanden ist, wird dieses gleichzeitig zu Tage gefördert, falls nicht, kann es nachher durch die Lehrperson ergänzt werden.

Zur Durchführung:

- 4 Tische werden so bereitgestellt, dass man jeweils darum sitzen und sich im Raum dazwischen problemlos bewegen kann.
- Jeder Tisch hat eine Papiertischdecke, die bekritzelt/beschrieben werden kann.
- Es liegen Stifte und Knabbereien auf jedem Tisch bereit.
- Das Gesprächsthema wird über die Tafelanschrift und die Tischnummer festgelegt oder es wird als Wortkarte (vgl. VORLAGE 1a) auf den Tisch gelegt. Alle vier Themen sollten vor Beginn bekannt sein.
- Je 5–8 Personen setzen sich um einen Tisch, jeder hat ein Getränk.
- Die Personen kommen über das Thema ins Gespräch. Sie kritzeln Gesprächsnotizen auf die Tischdecke. Diese dient nur als Gedächtnisstütze, darf also auch Saftflecken bekommen, usw.

- Wenn den Gesprächsteilnehmern nichts mehr einfällt, kann die Lehrkraft eine Wortkarte als Hilfsimpuls (VORLAGE 1b *Impulse für das Knowledgecafé*) schweigend auf den Tisch legen. Ein Abschweifen vom Thema sollte für einige Minuten toleriert werden.
- Die Dauer der Gesprächsphasen kann mit ca. 15 Minuten angesetzt werden, wenn es gut läuft, auch länger.
- Eine der Personen ist der Caféhausbesitzer. Dieser bleibt während der gesamten Stunde an ein und demselben Tisch.
- Nach einer Gesprächsphase wechseln die anderen Personen den Tisch, günstigenfalls bleiben sie nicht als Gruppe zusammen, so dass jeder mit jedem in Gespräch kommt (evtl. ändern sich hier auch Gruppengrößen).
- Nach dem Wechsel informiert der Caféhausbesitzer die Neuankömmlinge über den Stand des Gesprächs, so dass die nächste Runde auf den vorhergehenden aufbaut.
- In vier Runden durchlaufen die Teilnehmer alle Tische.

Hinweise: Zur extrinsischen Motivation kann man die Knabbereien auch erst dann auf den Tisch stellen, wenn in ruhiger Atmosphäre zum Thema gesprochen wird.

Warum Knowledecafé und nicht Gruppenarbeit? Bei der Gruppenarbeit verstehen sich die Schülerinnen und Schüler als ein Team, das auf ein zu erzielendes Ergebnis hinarbeitet. Der Einzelne soll nur in dem Maß zur Arbeit beitragen, dass es dem Ziel – das wäre hier die Erarbeitung der Merkmale des Krimis – dient. Damit würde sich die Unterrichtsstunde auf diese Erarbeitung verkürzen (was man natürlich machen kann). Für die vorgestellte Unterrichtseinheit gilt jedoch, dass es vor allem um die Motivation der Lernenden geht: Sie sollen sich (gegenseitig) an positive Rezeptionserfahrungen zum Krimi erinnern. Die Caféatmosphäre lädt dazu ein, mehr zu plaudern, sich auszutauschen, das Thema eher ziellos zu umkreisen. Man kann von einzelnen Büchern oder Filmen erzählen, darüber diskutieren, usw. Die Krimimerkmale sind dabei eher ein Nebenprodukt.

VORLAGE 1b

Impulse für das Knowledgecafé

Aufbau?

Beispiele?

Café – Runde 1: Was erfährt man über den Täter?

Café – Runde 1: Was erfährt man über das Verbrechen?

Café – Runde 2: Wie wird Spannung/Nervenkitzel erzeugt?

Café – Runde 2: Im Thriller geht es um ein Gefühl ständiger Bedrohung. Wie wird das hergestellt?

Café – Runde 3: Was erfährt man über den/die Detektiv/e?

Café – Runde 3: Was erfährt man über die Detektivarbeit?

Café – Runde 4: Wie werden falsche Spuren (= *red herrings*) gelegt?

Café – Runde 4: Wie löst der Detektiv das Rätsel schließlich auf?

1.3 Sicherung: Destillat aus dem Knowledgecafé

SV / UG

Unterrichtsschritt. Die Caféhausbesitzer tragen die Ergebnisse der Gesprächsrunden vor. Die bekritzelte Tischdecke dient als Gedächtnisstütze. Im Anschluss wird gemeinsam das ARBEITSBLATT 1 ***Die Kriminalerzählung*** ausgefüllt.

*Schnelle Gruppen können fehlende Informationen eigenständig im Internet nachschlagen (anstelle von Unterrichtsschritt 1.4).

ARBEITSBLATT 1
➤ S. 10
Lösungshinweise
➤ S. 82
Internetzugang

1.4 Vertiefung: Destillat aus dem Knowledgecafé ergänzen (fakultativ)

LV / UG

Unterrichtsschritt. Bei der Besprechung von ARBEITSBLATT 1 werden fehlende Informationen durch die Lehrkraft ergänzt und evtl. im Lehrervortrag vertieft (vgl. Unterrichtsschritt 1.3).

ARBEITSBLATT 1
➤ S. 10

Hausaufgabe

Lektüre der *Judenbuche*, Reclam XL, S. 3–58 (Gesamttext).

Die Kriminalerzählung

Verbrechensgeschichte

Definition: *Der Täter und sein Verbrechen stehen im Mittelpunkt der Erzählung.*

Beispiele: ....

Aufbau: ....

Was erfährt man über den Täter? ....

....

Was erfährt man über das Verbrechen? ....

....

Thriller

Definition: *Spannung und Nervenkitzel stehen im Mittelpunkt der Erzählung.*

Beispiele: ....

Aufbau: ....

Mit welchen Mitteln wird Spannung/Nervenkitzel erzeugt? ....

....

Im Thriller geht es um ein Gefühl ständiger Bedrohung. Wie wird das hergestellt? ....

....

Detektivgeschichte

Definition: (I) *Ein(e) Detektiv(bande) und ihre Arbeit* oder (II) *die Lösung des Verbrechens (als Rätsel) steht im Mittelpunkt der Erzählung.*

Beispiele: ....

Aufbau: ....

Was erfährt man über den/die Detektiv/e? ....

....

Was erfährt man über die Detektivarbeit? ....

....

Wie werden falsche Spuren (*red herrings*) gelegt? ....

....

Wie löst der Detektiv das Rätsel schließlich auf? ....

....

2 Inhaltsangaben kritisch betrachten

Sachanalyse

Trotz der Kürze der Novelle ist der Text inhaltlich komplex und es ergeben sich, auch bei intensiver Lektüre, Verständnisfragen, die die Geschichte per se betreffen. »Es besteht ein so grundsätzlicher Dissens über Figurenkonstellationen und Handlungsverläufe, dass jede Inhaltsangabe der *Judenbuche* unter Verdacht steht, schon bei der Präsentation vermeintlicher Fakten das Dargestellte interpretatorisch zu verengen [...].«[1] Heinrich Henel geht sogar so weit, die *Judenbuche* »als ›nicht sinnvoll‹ bzw. uninterpretierbar«[2] zu deuten und den Sinn der Novelle in ebendieser Dunkelheit zu verstehen.

Bei Wikipedia wird nun der Inhalt zunächst so verknappt, dass vieles, was diskutabel scheint, extrahiert wird, wenn die minimalistische Zusammenfassung lautet: »Die Novelle handelt von einem unaufgeklärten Mord, erläutert dessen Vor- und Nachgeschichte und wird nicht nur als Kriminalgeschichte, sondern vor allem als Milieustudie verstanden.«[3] Dennoch kann sich an der Formel »unaufgeklärter Mord« bereits ein Disput entzünden: Zunächst stellt sich dabei die Frage, auf welchen Mord der Hinweis rekurriert: Geht es um den Tod des Vaters, den tödlichen Anschlag auf den Förster Brandis, um die Ermordung des Juden Aaron oder um den Tod des Rückkehrers aus der Sklaverei? Alle vier Todesfälle werden in der Forschung kontrovers diskutiert. Lars Korten macht das vor allem an der Erzählperspektive fest, die vom »Gestus der Allwissenheit«[4] zu einer »Konzentration auf die Figurenperspektive [wechselt], die aber zugunsten einer externen, gleichsam ›unwissenden‹ Fokalisierung«[5] wieder aufgibt. »Der Erzähler, der zuweilen über intimste Zwiesprachen informiert ist, berichtet weder darüber, wie Hermann Mergel zu Tode gekommen ist, noch werden die Ermordung Brandis', der Mord an Aaron und der mögliche Selbstmord Friedrichs erzählt.«[6]

Offen diskutiert werden allein zu diesen vier Todesfällen folgende Fragen: Stand der Vater vor seinem Kältetod vor der heimischen Haustür und begehrte Einlass? – Welches Wissen und welche Absichten hatte die Mutter? – Schickt Friedrich den Förster bewusst in den Tod? – War sein Onkel wirklich dessen Mörder? – War Friedrich der Mörder und sein Alibi falsch (Verwechslung mit Johannes Niemand)? – War Lumpenmoises der Mörder Aarons (»die Täterschaft Johannes Niemands zieht Lietina-Ray 1980 in Betracht«[7])? – Ist der Tote in der Buche ein Selbstmörder oder wurde der für so einen Todesakt zu gebrechliche alte Mann ermordet? – Ist der Leichnam Friedrich oder doch Johannes, da der Gutsherr ja auch sonst als in seinem Urteil unsicher und fehlbar gezeichnet wird und von der alles beweisenden Narbe bislang noch nie die Rede war?

Korten kommt zu dem Schluss: »Nicht zuletzt lässt sich das komplexe Erzählverfahren der *Judenbuche*, mit dem jedes gesicherte Wissen unterminiert wird, als Chance verstehen, möglichst viele Deutungsansätze gleichberechtigt zur Geltung kommen zu lassen.«[8]

In den Texten, die die Lernenden vornehmlich heranziehen, wenn sie sich über den Textinhalt vergewissern wollen, wird dieser Stand der literaturwissenschaftlichen Diskussion, der hier nur in einem einzigen Aspekt angerissen wurde, in der Regel nicht abgebildet. Selbst in der sehr ausführlichen und fundierten Textwiedergabe von Bernd Völkl werden zum Teil klare Schlüsse gezogen, etwa dass Friedrich den Förster bewusst in den Tod schickt und man erschließen kann, dass sein Onkel Brandis' Mörder ist, die Identität Friedrichs und seine Schuld an Aarons Tod, sein Selbstmord als Sühne.[9] Auf vielen Internetseiten für Schüler finden sich ähnliche Darstellungen in kürzerer Form, die – zugunsten einer Thematisierung der vielschichtigen Deutungsmöglichkeiten – hinterfragt werden müssen.

1 Lars Korten, »Die Judenbuche«, in: *Annette von Droste-Hülshoff Handbuch*, hrsg. von Cornelia Blasberg und Jochen Grywatsch, Berlin/Boston 2018, S. 512.
2 Ebd., S. 523.
3 de.wikipedia.org/wiki/Die_Judenbuche (Stand: 16. 9. 2019).
4 Korten (s. Anm. 1), S. 519.
5 Ebd.
6 Ebd.
7 Ebd., S. 521.
8 Ebd., S. 524.
9 Vgl. Bernd Völkl, *Lektüreschlüssel XL: Annette von Droste-Hülshoff, »Die Judenbuche«*, Stuttgart 2018, S. 44.

Unterrichtsverlauf

Überblick. Die Schülerinnen und Schüler tauschen sich über die als Hausaufgabe gelesene Novelle aus. In der kritischen Durchsicht von Inhaltsangaben aus dem Internet entdecken sie sachliche Fehler und belegen ihre Textkenntnis. In der Zusammenschau der Inhaltsangaben erkennen sie unterschiedliche Deutungsansätze und benennen offenbleibende Fragestellungen. Diese identifizieren sie im Text und legen widersprüchliche Hinweise offen. Besonders nehmen sie – anknüpfend an das Thema »Die Judenbuche als Criminalgeschichte« dabei die offenen Todesfälle in den Blick.

Phase	Thema	Sozialform	Kompetenzen/Lernziele	Materialien
Voraussetzungen: Kenntnis des Gesamttextes				
2.1	Einstieg: Freies Gespräch über den Text	UG	• Meinungsaustausch zum Text in der Redekette einüben	
2.2	Erarbeitung I: Vergewisserung der Textkenntnis	EA	• Kritische Auseinandersetzung mit vorgefertigten Inhaltsangaben • Aufspüren falscher Textdetails	ARBEITSBLATT 2 ➤ S. 15
2.3	Erarbeitung II: Identifizierung offener Fragen in der Novelle mit bes. Blick auf die Todesfälle	PA	• Auffinden strittiger Passagen im Text	ARBEITSBLATT 2 ➤ S. 15
2.4	Vertiefung: Diskussion offener Fragen auf der Basis konkreter Textarbeit	GA	• Austausch zu strittigen Passagen • Offenlegung von Hinweisen zu diesen anhand des Textes	ARBEITSBLATT 2 ➤ S. 15
2.5	Sicherung der Beobachtungen	UG	• Sammeln der erarbeiteten Fragestellungen • Erkennen der Vieldeutigkeit der Textstellen	TAFELBILD 2 ➤ S. 14

2.1 Einstieg: Freies Gespräch über den Text

UG

Unterrichtsschritt. Die Lehrkraft legt als Impuls das Cover der Ausgabe Reclam XL auf und beginnt damit eine Redekette in der Klasse. Ziel ist es, die Schüler und Schülerinnen zu einer Stellungnahme zu der Novelle zu bewegen.

Erläuterungen zur Methode der Redekette: Nach einem Impuls der Lehrperson äußert sich eine Schülerin oder ein Schüler und gibt dann an eine andere Person weiter. Es entsteht so »eine Kette von Beiträgen [...], die vom Lehrer nicht unterbrochen wird« (Wolfgang Mattes, *Methoden für den Unterricht*, Paderborn 2002, S. 22). Die Lehrperson ist nach Abschluss der Kette frei, »auf einzelne Äußerungen einzugehen und/oder eine Zusammenfassung des Gesagten zu geben« (ebd.). Die Vorteile der Methode liegen auf beiden Seiten: »Die SchülerInnen haben die Möglichkeit, zueinander zu sprechen« (und nicht nur zur Lehrperson, Blickkontakt der Lerngruppe zueinander ist wichtig), die Lehrperson kann sich »auf das Zuhören konzentrieren« (ebd., vgl. auch methodenpool.uni-koeln.de/techniken/unterricht.html, Stand: 23.12.2020).

EA

2.2 Erarbeitung I: Vergewisserung der Textkenntnis

ARBEITSBLATT 2
➤ S. 15
Lösungshinweise
➤ S. 83

Unterrichtsschritt. Einführend beginnt man mit der Geschichte dreier Schüler, Anna, Ümit und Roman, die die Hausaufgabe, die Lektüre *Judenbuche* zu lesen, nicht gemacht haben und sich nun schnell im Internet über den Text informieren wollen (s. einleitenden Text auf ARBEITSBLATT 2 ***Inhaltsangaben der »Judenbuche«***, könnte auch von Schülern in einer kleinen szenischen Darstellung gespielt werden). Die Lehrperson weist darauf hin, dass leider die Seiten im Netz fehlerhaft sind … Die Lerngruppe bekommt die Aufgabe, die Fehler zu identifizieren und anhand des Textes zu belegen, wie es richtig heißt (Arbeitsauftrag 1).

Erläuterungen. Diese Aufgabenstellung hat den Nebeneffekt, dass die Schüler und Schülerinnen, die den Text tatsächlich nicht gelesen haben, im Anschluss wenigstens grob über den Inhalt informiert sind. Außerdem zwingt man sie dazu, das Buch (noch einmal) in die Hand zu nehmen und genau auf die Informationen im Text zu sehen.

Möchte man niemanden bloßstellen, kann man den Schülern die Möglichkeit der Partnerarbeit (oder Gruppenarbeit) einräumen. Bei der Einzelarbeit lässt sich allerdings nach kurzer Zeit deutlich sehen, wer sich im Text auskennt.

Wenn man möchte, kann man zudem auch die Qualität solcher Inhaltsangaben im Internet thematisieren. Vielleicht sind einzelne Schüler bereit, darüber zu sprechen, dass sie sich auf ähnliche Weise informiert haben. Man könnte dann zusätzlich die tatsächlich verwendeten Seiten untersuchen und z. B. die im Anschluss besprochenen offenen Fragen dort identifizieren.

Zur schnelleren Orientierung sind die Fehler in ARBEITSBLATT 2 auch hier kurz, mit Belegstelle aus der Ausgabe Reclam XL, zusammengestellt (vgl. auch die Lösungshinweise zu ARBEITSBLATT 2):

Bildschirm:
- Dorf B. statt Anthausen (Reclam XL, S. 3)
- Friedrich ist neun, nicht sieben Jahre alt (S. 8)
- Der Vater ist erfroren, nicht erschossen worden (S. 11)
- Friedrich wird bei einer Hochzeit, nicht Beerdigung (S. 36 ff.) vom Juden beschämt
- Er wird anhand einer Narbe, nicht eines Muttermals (S. 57) identifiziert

Handy:
- Die Geschichte spielt im 18., nicht im 20. Jahrhundert (S. 3)

Tablet:
- Der Jude Aaron wird erschlagen unter der Buche, nicht erhängt in der Buche gefunden (S. 41)

2.3 Erarbeitung II: Identifizierung offener Fragen in der Novelle mit besonderem Blick auf die Todesfälle

PA

ARBEITSBLATT 2 ➤ S. 15

Unterrichtsschritt. Die Schüler und Schülerinnen vergleichen die Inhaltsangaben auf ARBEITSBLATT 2 und stellen fest, dass einige Inhalte unterschiedlich dargestellt werden, sich aus dem Text aber nicht be- bzw. widerlegen lassen. Sie identifizieren in der Partnerarbeit diese Textstellen und überlegen, ob es für sie noch weitere offene Fragen gibt (Arbeitsauftrag 2).

Erläuterungen. Folgende unterstützende Fragen können im Blick auf den Arbeitsauftrag 2 des ARBEITSBLATTS 2 konkret gestellt werden:
- Lässt die Mutter bei dem Schneegestöber den Vater tatsächlich nicht ins Haus?
- Ist der Onkel Chef der Bande?
- Schickt Friedrich den Förster wissentlich in den Tod?
- Irrt sich der Gutsherr?
- Hat sich der alte Mann selbst erhängt?
- Bleibt das Ende wirklich offen?

2.4 Vertiefung: Diskussion offener Fragen auf der Basis konkreter Textarbeit

GA

ARBEITSBLATT 2 ➤ S. 15

Unterrichtsschritt. In Gruppen von 3–4 Personen besprechen die Schülerinnen und Schüler ihre offenen Fragen und suchen nach Texthinweisen (ARBEITSBLATT 2, Arbeitsauftrag 3).

2.5 Sicherung der Beobachtungen

UG

TAFELBILD 2 ➤ S. 14

Unterrichtsschritt. Im Unterrichtsgespräch werden zunächst die vier Todesfälle in der *Judenbuche* genauer betrachtet. Die Schülerinnen und Schüler belegen jeweils den Tathergang im Text, die offenen Fragen werden gesammelt. Soweit die Gruppen sich damit beschäftigt haben, können sie ihre Thesen und Meinungen hier vortragen. Im Anschluss werden weitere offene Fragen der Schülerinnen und Schüler erfasst. Alle Beobachtungen werden im TAFELBILD 2 festgehalten. Im Sinne Kortens (vgl. Sachanalyse) kann jedoch vieles offenbleiben, viele Deutungsansätze können zur Geltung kommen.

TAFELBILD 2

Die vier Todesfälle in der *Judenbuche*

Todesfall	Tathergang	Offene Fragen
Hermann Mergel (Vater)	Dichtes Schneegestöber; Es pocht draußen; Der Vater liegt »blau und fürchterlich« »tot im Holze«. (S. 9, 11)	Hat der Vater tatsächlich an der Haustür geklopft? Wusste die Mutter das und hat ihn ausgesperrt?
Förster Brandis	Friedrich schickt den Förster in Richtung Buche; er wird im Wald gefunden, »die Stirn von einer Axt gespalten«. (S. 31)	Hat Friedrich Brandis absichtlich in den Tod geschickt oder gar selbst ermordet? Stimmt sein Alibi? Ist der Onkel der Mörder (wegen der Axt)?
Jude Aaron	Aaron demütigt Friedrich und folgt ihm; Er wird »durch einen Schlag an die Schläfe« ermordet unter der Buche aufgefunden. (S. 41)	Ist Friedrich der Mörder oder der geständige Lumpenmoises? Warum flieht auch Johannes – ist er schuldig?
Der Rückkehrer aus der Sklaverei	Ein »gebrochener und kraftloser« (S. 49) Fremder, der sich Johannes Niemand nennt, kommt ins Dorf. Er wird erhängt an der Judenbuche gefunden. Der Gutsherr identifiziert ihn anhand einer Narbe als Friedrich.	Warum war von der Narbe bislang nicht die Rede? Irrt sich der Gutsherr (nicht zum ersten Mal …)? Kann der »armselige Krüppel« (S. 55) sich wirklich selbst erhängen? Ist es Zufall, dass ihn der Sohn des Försters Brandis findet?

ARBEITSBLATT 2

Inhaltsangaben der *Judenbuche*

Anna, Ümit und Roman sollen über den Inhalt der *Judenbuche* in ihrer Klasse berichten. Sie suchen dazu Informationen aus dem Internet:

Inhaltsangabe Judenbuche (www.werselberliestistselberschuld.de)

Im westfälischen Dorf Anthausen lebt Friedrich Mergel, Sohn des Säufers Hermann Mergel und der frommen Margreth Mergel. Als Friedrich sieben Jahre alt ist, wird sein Vater erschossen im nahegelegenen Brederholz aufgefunden. Friedrichs Onkel, der Chef einer Bande von Holzfrevlern ist, adoptiert ihn und beeinflusst den bis dahin eher verträumten Jungen zum Negativen. Dort freundet sich Friedrich auch mit dem unehelichen Johannes Niemand an, der fast ein Doppelgänger von ihm ist. Als die Holzfrevler-Bande wieder ihr Unwesen treibt, wird sie vom Oberförster Brandis verfolgt, den Friedrich wissentlich in die falsche Richtung und damit in den Tod schickt. Friedrich wird des Mordes verdächtigt, kann aber mithilfe eines (möglicherweise falschen) Alibis seine Unschuld beweisen. Jahre später wird Friedrich bei einer Beerdigung von dem Juden Aaron öffentlich gemahnt, seine Schulden für eine silberne Uhr zu begleichen, was ihn sehr beschämt. Kurz darauf wird der Jude unter einer Buche im Brederholz erschlagen, Friedrich und mit ihm Johannes Niemand fliehen. Zunächst gilt Friedrich im Dorf als der Judenmörder, später gesteht jedoch ein anderer Jude die Tat.
Johannes Niemand kehrt 28 Jahre später als gebrochener alter Mann ins Dorf zurück, wo man ihn aufnimmt. Er wird erhängt in der Buche gefunden, in die die jüdische Gemeinde die Inschrift »Wenn du dich diesem Orte nahest, so wird es dir ergehen, wie du mir getan hast.« hat schlagen lassen. Als er abgeschnitten wird, meint ihn der Gutsherr (der sich schon öfter irrte?) anhand eines Muttermals als Friedrich Mergel zu erkennen. Es ist unwahrscheinlich, dass der gebrechliche alte Mann die Kraft hatte, sich selbst zu hängen – das Ende bleibt also offen.

In der *Judenbuche* geht es um einen Mann, Friedrich Mergel. Er hatte eine schlimme Kindheit. Nach dem Tod des Vaters, den die Mutter bei Schneegestöber nicht ins Haus ließ, wurde er von seinem Onkel adoptiert. Bei ihm musste er viel arbeiten, wurde aber selbstbewusster. Im Dorf wurde er abgelehnt, er hat nur einen guten Freund, Johannes Niemand. Als der Jude Aaron erhängt in einer Buche gefunden wurde, wurde Friedrich verdächtigt, weil er vorher von ihm wegen Geld um eine silberne Taschenuhr vor vielen Leuten gedemütigt wurde. Friedrich verschwand mit seinem Freund Johannes. Er kehrte nach 28 Jahren unter dem Namen seines Freundes wieder zurück. Er erhängte sich an der gleichen Buche.

Die 1842 veröffentlichte Novelle erzählt die Geschichte von unaufgeklärten Morden in einem abgelegenen Dorf im 20. Jahrhundert. Im Mittelpunkt steht Friedrich Mergel, der darin auf undurchsichtige Weise verstrickt ist.

Arbeitsaufträge:

1. In den Inhaltsangaben sind insgesamt sieben Sachfehler versteckt. Findet sie und belegt mit einer Stelle aus der Novelle die richtige Information.
2. Manche Sachverhalte werden unterschiedlich dargestellt, weil sie in der Novelle uneindeutig bleiben. Welche? Findet noch weitere offene Fragen (v. a. zu den Morden)!
3. Diskutiert mögliche Lösungen der offenen Fragen (v. a. zu den Morden) in der Gruppe und findet dazu Hinweise in der Novelle.

3 Schauplätze entdecken

Sachanalyse

Die erste Konzeption der *Judenbuche* steht am Anfang eines Projekts von Annette von Droste-Hülshoff, das »eine Literarisierung von Landschaft und Bewohnern Westfalens [...] mitsamt einer weitausholenden Einleitung, in der die Grundstrukturen des (späteren) Drosteschen Westfalen-Bildes bereits gegenwärtig sind«[1], zum Ziel hat. Dies wird etwa »in der regionalen Kontrastierung des Münsterlandes, das zum Muster einer [...] für den Menschen segensreichen Ordnung stilisiert ist, mit den von sittlicher Verwahrlosung [...] gekennzeichneten westfälischen ›Grenzrevieren‹ des Sauerländischen und Paderbornischen«[2] deutlich. Tatsächlich liegt der Schauplatz der Handlung etwa 30 km östlich von Paderborn am Ostrand des Teutoburger Waldes im gegenwärtigen Landkreis Höxter.

Konkret lokalisieren lassen sich aktuell noch das »Dorf B.« als Bellersen, heute ein Ortsteil der Stadt Brakel. Zwischen diesem Ort und der kleinen Stadt Bredenborn (heute Teil von Marienmünster) liegt ein Waldstück, das im Text Brederholz bzw. Masterholz genannt wird. Auch weitere Waldgebiete, wie der Bollkasten-Wald (auch »Breder«) nordöstlich, und das Roderholz und der Telgengrund südlich von Bellersen, sowie der Teich Zellerkolk im Norden des Dorfes, lassen sich noch heute auf der Landkarte finden.

Typisch für eine Detektivgeschichte ist die Darstellung eines begrenzten Handlungsraums und eines sozial abgegrenzten Milieus. Beides wird in der *Judenbuche* bereits auf der ersten Seite etabliert, wenn das »Dorf B.«, der zentrale Handlungsort, als »abgeschlossene[r] Erdwinkel [...], wo noch ein fremdes Gesicht Aufsehen erregte« (S. 3) bezeichnet wird. Das Dorf ist der zentrale Ort der Novelle, sowohl als geographischer Raum, dessen Beschreibung vielschichtige Hintergründe aufzeigt, als auch als soziales System, das wesentlichen Einfluss auf die Protagonisten und ihr Handeln nimmt. Aus der abgeschiedenen Lage des Dorfes, die den »angeborenen Starrsinn der Gemüter« (S. 4) nährt, in unmittelbarer Verbindung mit dem Holzreichtum der Gegend in direkter Flussnähe (vermutlich der Weser) erschließt sich ein Mangel an hinlänglichen Gesetzen, der zu einem ganz eigenen Gewohnheitsrecht und Rechtsempfinden der Bevölkerung führt.

Im Zentrum steht das Haus der Familie Mergel. Es symbolisiert die Position, die Margreth und Friedrich Mergel innerhalb der Dorfgemeinschaft einnehmen: Ursprünglich ein ordentliches Bauerngehöft – mit Rauchfang und Glasscheiben (S. 5) –, bezeugt es »durch seine gegenwärtige Verkommenheit die kümmerlichen Umstände« (ebd.) der im Dorf gering geachteten Familie, aus denen sich viele Attitüden des Friedrich Mergel erklären lassen.

Allerdings werden weder im Haus noch im Ort selbst irgendwelche Verbrechen begangen, sondern das Dorf stellt die Bühne dar, »den Raum ›vor den Kulissen‹, in dem sich die Darsteller bewegen und lediglich durch ihr Verhalten, seltener durch Redeteile, andeuten, dass das eigentliche Geschehen in den Räumen ›hinter den Kulissen‹ spielt (im Brederholz, im Dorf Brede, im Ausland).«[3]

Das Dorf Brede spielt dabei eher indirekt eine Rolle. Als Wohnort des Onkels Simon ist es ein Ziel, das Friedrich aus dem »Dorf B.« hinausführt, allerdings durch das unheilvolle Brederholz. Von dort kommt Friedrich »wie verwandelt« (S. 21), als hübscher gewandter Bursche, jedoch mit einem Doppelgänger zurück – und bereit dazu, sich an den Verbrechen des Onkels zu beteiligen.

Ort des Verbrechens – und zwar aller Todesfälle – ist der Wald, speziell das Brederholz. Dessen Merkmale »seine Weite, Unwegsamkeit und Dunkelheit«[4] prädestinieren ihn dafür. Dunkel bleiben die Einzelheiten der Gräueltaten, die sich dort ereignen. Dadurch »wird die Assoziation ermöglicht, der Wald sei nicht nur Schauplatz der Ereignisse, sondern gleichsam ursächlich an ihnen beteiligt«.[5] Diese Mystifizierung des Waldes bleibt bis zum Ende der Erzählung bestehen, wenn der Rückkehrer aus der Sklaverei magisch von diesem Tatort angezogen und dort gerichtet wird. Damit überwiegt am Ende das Element des Schaurigen, der detektivliterarische Aspekt tritt, trotz des klärenden Indizes der »Narbe«, in den Hintergrund.

1 Ronald Schneider, *Annette von Droste-Hülshoff*, Stuttgart/Weimar ^{2}1995, S. 91.
2 Vgl. dazu Ronald Schneider, *Realismus und Restauration*, Kronberg i. Ts. 1976, S. 230 ff.

3 Melanie Wigbers, *Krimi-Orte im Wandel*, Würzburg 2006, S. 45.
4 Ebd., S. 47.
5 Ebd., S. 52.

Unterrichtsverlauf

Überblick. Die Schülerinnen und Schüler recherchieren die in der Novelle genannten Örtlichkeiten konkret am Text und charakterisieren diese auf der Basis der Quellenlage. Fakultativ ermitteln sie die realen Gegebenheiten im heutigen Landkreis Höxter in Nordrhein-Westfalen. Sie beginnen, erste Gedanken zu entwickeln, wie der Kriminalfall als »Cold Case« mit den Mitteln moderner Kriminaltechnik gelöst werden könnte (mit der Schreibaufgabe der 8. Stunde als Zielpunkt). ! **Verkürzter Verlauf: 3.1 – 3.2 – 3.4 – 3.5**

Phase	Thema	Sozialform	Kompetenzen/Lernziele	Materialien
Voraussetzungen: Kenntnis des Gesamttextes				
3.1	Einstieg: Wiederholung der offenen Fragestellungen rund um die Morde bzw. den »Cold Case«	UG	• Vergegenwärtigung der Leerstellen im Text	VORLAGE 3 ➤ S. 18 (TAFELBILD 2 ➤ S. 14)
3.2	Textarbeit: Erkundung der Orte der Handlung	GA	• Ausfindig machen von Textstellen zu den Örtlichkeiten im Text • Bedeutung der jeweiligen Orte erfassen • Vergegenwärtigen der geographischen Lage	ARBEITSBLATT 3 ➤ S. 21 Lösungshinweise ➤ S. 83
3.3 **fakultativ**	Erarbeitung: Recherche zum heutigen Zustand der Schauplätze der Novelle	PA	• Ermittlung von Informationen über die Orte heute	ARBEITSBLATT 3 ➤ S. 21 Internetzugang
3.4	Sicherung: Festhalten der Ergebnisse	UG	• Sammeln der erarbeiteten Textstellen • Dokumentation über die Orte heute	ARBEITSBLATT 3 ➤ S. 21
3.5	Vertiefung: Detektion aus heutiger Sicht bzw. mit aktueller Kriminaltechnik	UG	• Gedankliche Weiterentwicklung der Geschichte	

Hinweise zur übergreifenden Motivation für die 3. bis 8. Stunde, der Betrachtung des Mords am Juden Aaron als »Cold Case«: Als »Cold Case« werden Fälle bezeichnet, in denen Ermittlungen nach längerer Zeit ohne Ergebnis geblieben sind. Zahlreiche Fernsehserien beschäftigen sich heute mit der Darstellung solcher Fälle, die neu aufgerollt und mit Hilfe moderner Kriminaltechnik wiederholt untersucht und dann auch gelöst werden. Den Schülerinnen und Schülern sind diese Sendungen in der Regel bekannt. Falls man sich dazu sachlich informieren möchte, sei auf die zweiteilige ZDF-Dokumentation »Terra X: Verräterische Spuren – Die Geschichte der Forensik« verwiesen, die den Ursprüngen moderner Kriminalermittlungen auf den Grund geht. Zur Sprache kommen hier auch die Anfänge der Kriminalistik, wie sie in der *Judenbuche* anklingen.

Die Unterrichtsidee für die folgenden Stunden ist nun, dass die Schülerinnen und Schüler als »Cold Cases-Team« eingesetzt werden sollen: Der Mord an dem Juden Aaron im Oktober 1760 soll über 250 Jahre später mit Hilfe der modernen Kriminaltechnik aufgeklärt werden. Dazu müssen umfangreiche Recherchen und Untersuchungen durchgeführt werden.

Dabei soll zunächst nicht der wirkliche Vorfall, der Annette von Droste-Hülshoff als Vorlage bzw. Inspiration für ihre Novelle diente, thematisiert werden, sondern nur die fiktive Geschichte. Um den »Cold Case« zu lösen, muss dieser Text genau ausgewertet werden – was als Motivation für die Texterschließung dienen soll. Im Anschluss können die Lernenden zum realen historischen Mordfall um Hermann Winkelhannes recherchieren und dann einen kreativen Text schreiben, der darstellt, wie das Verbrechen mit heutigen Mitteln gelöst wird. Wenn Schülerinnen und Schüler aber bei den Recherchen im Internet jetzt schon auf historische Quellen stoßen, können sie durchaus ermutigt werden, sich selbständig damit zu befassen und ihre Ergebnisse bei passender Gelegenheit vorzutragen.

3.1 Einstieg: Wiederholung der offenen Fragestellungen rund um die Morde bzw. den »Cold Case«

UG

VORLAGE 3 ➤ S. 18 (TAFELBILD 2 ➤ S. 14)

Unterrichtsschritt. In Anlehnung an die 2. Stunde – eventuell unter Rückgriff auf das TAFELBILD 2 – vergegenwärtigt sich die Lerngruppe, dass der Text viele Fragen zu den Morden offenlässt. Als Impuls für die folgenden Stunden wird mit VORLAGE 3 ***Cold Case »Judenbuche«*** die Idee aufgeworfen, ein »Cold Case«-Ermittlerteam könnte diese Fragen mit den Hilfen der modernen Kriminaltechnik lösen und die Mordfälle (v. a. den zentralen Mord an dem Juden Aaron) klären.

VORLAGE 3

Cold Case *Judenbuche*

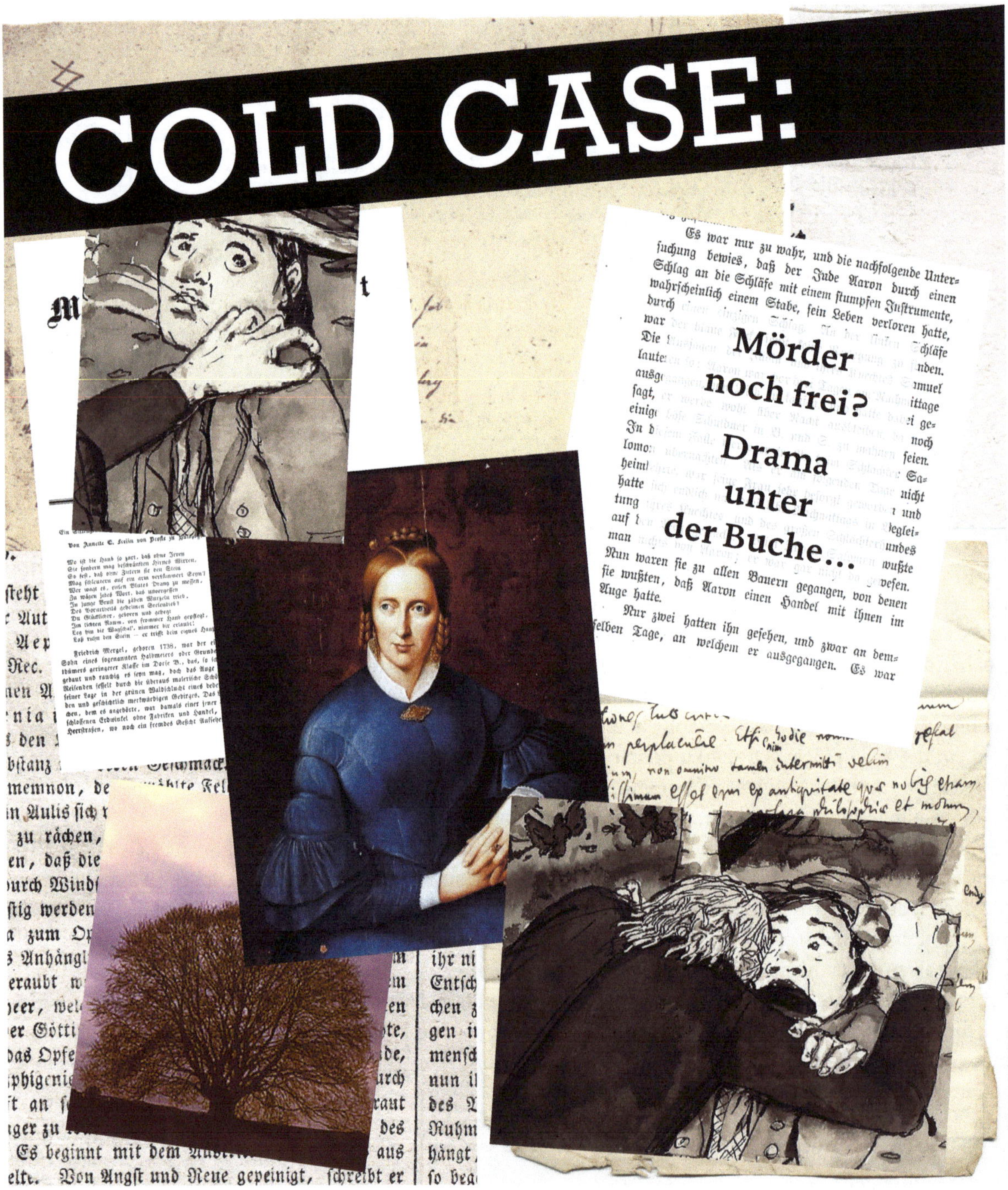

Bilder: Bavaria-Buche: Wikimedia CC BY-SA 3.0 / W. J. Pilsak | Zeichnungen aus: *Die Judenbuche*, von Claudia Ahlering und Julian Voloj, München: Knesebeck, 2017.

3.2 Textarbeit: Erkundung der Orte der Handlung

Unterrichtsschritt. Als Erstes sollen die Orte der Handlung in den Blick genommen werden. Auf der Landkarte, die einen Ausschnitt des Landkreises Höxter darstellt, sind sechs Schauplätze zu sehen, die in der Novelle genannt werden (ARBEITSBLATT 3 ***Cold-Cases-Team. Auswertung 1: Örtlichkeiten***). Die Lernenden suchen in Gruppenarbeit alle Textstellen, an denen die Orte genannt werden. Im Anschluss beschreiben sie in Schlagworten, was dort jeweils geschieht (Arbeitsauftrag 1). GA ARBEITSBLATT 3 ➤ S. 21

Erläuterungen. Die Textarbeit in Verbindung mit der Landkarte schafft ein inneres Bild der geographischen Zusammenhänge, die auch den Fortgang der Handlung verdeutlichen. Dies wird durch die Benennung von zusätzlichen Schlagworten, was an jedem Ort geschieht, noch einmal vertieft. Schon allein an der Häufigkeit der Nennungen wird dabei besonders klar, dass das Dorf B. und das Brederholz in der Novelle eine bedeutende Rolle spielen.

3.3 Erarbeitung: Recherche zum heutigen Zustand der Schauplätze der Novelle (fakultativ)

Unterrichtsschritt. Die Schüler und Schülerinnen suchen die Orte im Internet und gewinnen so einen Eindruck, wie die Landschaft, in der die Judenbuche spielt und die für die Erzählung von großer Bedeutung ist, aussieht (ARBEITSBLATT 3, Arbeitsauftrag 2). Möglicherweise kann aus den Recherchen eine (Power-Point-)Präsentation entstehen, evtl. auch als Hausaufgabe. PA ARBEITSBLATT 3 ➤ S. 21 Internet-zugang

Erläuterungen. Folgende Internetseiten können u. a. herangezogen werden:
- www.2016.bellersen.de/de
- www.kreis-hoexter.de/unser-kreis/portrait/index.html
- www.marienmuenster.de/index.php?id=43
- www.naturpark-teutoburgerwald.de/buchen-sollst-du-suchen

3.4 Sicherung: Festhalten der Ergebnisse

Unterrichtsschritt. Die Textstellen zu den Schauplätzen werden auf ARBEITSBLATT 3 gemeinsam vervollständigt und besprochen. Die Schülerinnen und Schüler äußern sich zur Bedeutung der Orte. UG

Fakultativ können gemeinsam interessante Internetseiten zu den heutigen Orten besprochen werden oder einzelne Schüler bzw. Schülergruppen ihre Präsentation, die sie im Unterricht (oder vorab als Hausaufgabe) erstellt haben, vorzeigen. ARBEITSBLATT 3 ➤ S. 21

3.5 Vertiefung: Detektion aus heutiger Sicht bzw. mit aktueller Kriminaltechnik

Unterrichtsschritt. Die Lernenden überlegen, was die moderne Kriminaltechnik im Hinblick auf die Schauplätze heute zu einer Lösung des Falls beitragen könnte. Sie entwickeln kreative Ideen, die sie für das spätere Verfassen eines Textes stichpunktartig zusammentragen. Dieser Unterrichtsschritt kann ggf. auch als Hausaufgabe erfolgen. UG

Erläuterungen. Welche Ideen könnten möglicherweise entwickelt werden?
- Spuren im Brederholz: Findet sich das stumpfe Instrument, wahrscheinlich ein Stab (S. 41), mit dem Aaron erschlagen wird, dort?
- Dorf B.: Welche Gebäude von damals könnten noch vorhanden sein und Material bergen?
  - Lassen sich im Haus der Familie Mergel alte Dokumente finden?
  - Gibt es Aufzeichnungen zum Mord im Gutshaus?
  - Wurde in einer Asservatenkammer (Gerichtsgebäude o. Ä.) der Strick des Erhängten aufbewahrt?
- Simons Haus in Brede: Findet sich dort die Axt, das Mordinstrument im Mordfall Brandis?
- Zu allen Mordinstrumenten: Ließen sich evtl. Fingerabdrücke, Spuren die DNA enthalten o. Ä. finden?

- Was passierte mit dem Holz, das im Brederholz gestohlen wurde (und vermutlich auf der Weser verschifft wurde) – finden sich alte Holzmöbel, Dachstühle etc., bei denen die Herkunft des Holzes aus diesem Waldstück ermittelt werden kann? Gibt es Aufzeichnungen (Quittungen o. Ä.), wer das Holz verkaufte (und damit zu den Blaukitteln gehörte)?

ARBEITSBLATT 3

Cold-Cases-Team

Auswertung 1: Örtlichkeiten

Der Mord an dem Juden Aaron im Oktober 1760 soll über 250 Jahre später mit Hilfe der modernen Kriminaltechnik aufgeklärt werden. Dazu müssen umfangreiche Recherchen und Untersuchungen durchgeführt werden. Als Erstes gilt es, die vorliegenden Quellen – besonders die Erzählung von Annette von Droste-Hülshoff – auszuwerten.

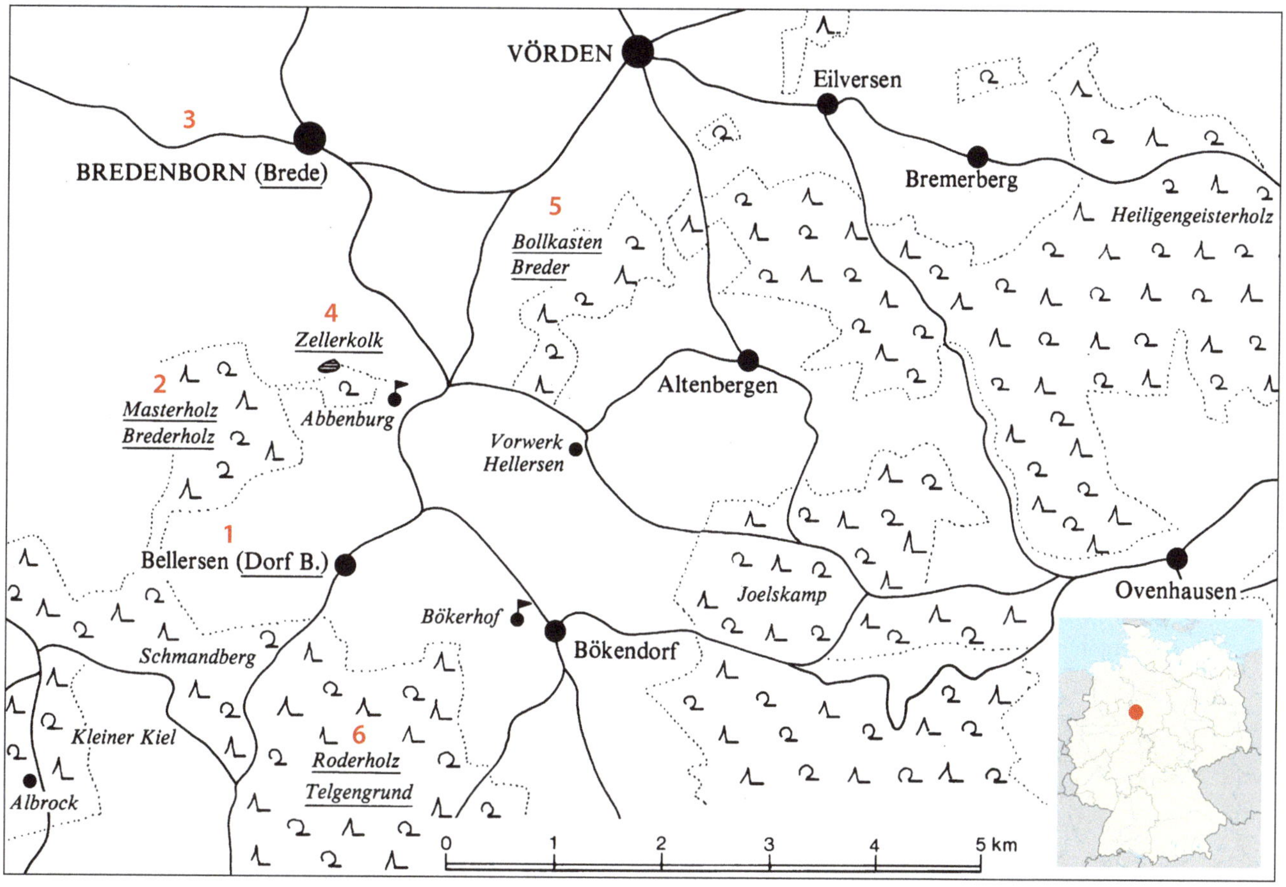

Karte des Landkreises Höxter in Nordrhein-Westfalen (Nach: Bernd Völkl, *Lektüreschlüssel XL: Annette von Droste-Hülshoff, »Die Judenbuche«*, Stuttgart 2018, S. 49)

Was lässt sich über die sechs mit Nummern versehenen Orte in der Erzählung herausfinden?

1. ....

2. ....

3. ....

4. ....

5. ....

6. ....

Arbeitsaufträge:

1. Sucht alle Textstellen, in denen die Orte genannt werden. Fasst in Schlagworten zusammen, was dort geschieht!
2. Informiert euch im Internet über diese Orte heute!
3. Was könnte ein Cold-Cases-Team heute noch an Spuren finden? Lasst eure Fantasie spielen …

4 Zentrale Figuren ausforschen

Sachanalyse

Gleich zu Beginn werden alle Figuren der Erzählung, die durchweg »in dem kleinen Staate, von dem wir reden« (S. 4), spielt, eingeordnet in die textübergreifende Beschreibung eines »Menschenschlag[s], unruhiger und unternehmender als alle seine Nachbarn« (ebd.). Speziell die Einwohner des Dorfes B. gelten als hochmütig, schlau, kühn, mit einem »angeborenen Starrsinn der Gemüter« (ebd.). Damit wird von vornherein der lokale Hintergrund eng mit dem Charakter der handelnden Personen verbunden.

Das »Personal« ist insgesamt überschaubar: Im Mittelpunkt steht Friedrich Mergel – der als zentrale Figur noch eigens in den Blick genommen werden wird – und dessen Familie, bestehend aus dem Vater, der Mutter und deren Bruder, sowie dem »Doppelgänger« Johannes Niemand, der vermutlich ein unehelicher Sohn des Onkels ist.

Diese Familienmitglieder sind für die Entwicklung der Geschichte in mehr als einer Hinsicht bedeutsam. Zum einen nehmen sie alle, jeweils unterschiedlichen, Einfluss auf die charakterliche Entwicklung Friedrichs und tragen so zentral zum vorliegenden »Sittengemälde« bei. Gleichzeitig treiben sie jedoch mit eigenen Aktionen auch den Fortgang der Handlung voran.

An erster Stelle nennt Droste-Hülshoff den Vater, einen liederlichen Trunkenbold, der zunehmend mehr säuft und zu Hause gewalttätig wird. Sie beschreibt dessen Werdegang mit Phasen der Besserung, etwa als sein Sohn geboren wird, den er liebt. Nichtsdestotrotz steuert Hermann Mergel unaufhaltsam auf seinen Tod zu. Er wird im Brederholz erfroren aufgefunden, was die Dorfbevölkerung zu Spukgeschichten inspiriert, die den Sohn sehr treffen.

Die Mutter, »eine brave, anständige Person, so in den Vierzigern, in ihrer Jugend eine Dorfschönheit« (S. 6), wird als sehr religiös beschrieben. Sie wird durch die häusliche Gewalt regelrecht gebrochen. Auch nach dem Tod des Ehemannes erholt sie sich nicht mehr, kränkelt, wird immer abgestumpfter und verelendet nach Friedrichs Flucht vollständig. In ihrer Bemühung, das vaterlose Kind anständig aufzuziehen, scheitert sie zunehmend.

Scheinbar zur Hilfe kommt ihr in dieser Situation ihr Bruder Simon Semmler, der jedoch letztlich als das »personifizierte Böse«[1] gekennzeichnet wird: Äußerlich hässlich (S. 12), ist er wohl Chef der verbrecherischen Blaukittel, zudem ein Lügner, und will Friedrich aktiv vom christlichen Glauben abbringen (vgl. z. B. S. 34). Er verstrickt Friedrich in seine verbrecherischen Machenschaften, befreit ihn aber gleichzeitig aus der als würdelos empfundenen Armut, was diesem mehr Selbstbewusstsein und eine bessere soziale Stellung im Dorf verleiht.

Auch bringt Simon Semmler Friedrich mit Johannes Niemand in Kontakt, dessen Familienähnlichkeit eine enge Verwandtschaft zwischen den beiden vermuten lässt. Dass Johannes von Friedrichs Mutter versehentlich für ihren Sohn gehalten wird, zeigt, wie ähnlich sich beide tatsächlich sind. Das damit beginnende Verwirrspiel einer – immer möglichen – Verwechslung, zieht sich bis zum Schluss der Erzählung durch. Johannes bleibt während der ganzen Geschichte ein blasser Schatten Friedrichs mit dem »Jammerblick eines armen, halbwüchsigen Hundes« (S. 17) und verschwindet (vorausgesetzt, dass der aus der Sklaverei Zurückgekehrte tatsächlich Friedrich ist) am Ende spurlos in der Verbannung.

Die weiteren Figuren sind vor allem Auslöser für bestimmte Ereignisse, die sich letztlich alle zum Niedergang Friedrich Mergels aufaddieren. Der Förster Brandis ist erbost über den warnenden Pfiff Friedrichs am Mastergrund und beleidigt ihn (S. 25) – vermutlich der Grund dafür, dass der Junge ihn in die falsche Richtung schickt, wo er ermordet wird. Wilm Hülsmeyer, der Rivale Friedrichs, stellt diesen mit der Frage nach der Bezahlung der Uhr auf der Hochzeit bloß. Anschließend folgt der Auftritt des Juden Aaron, der im gleichen Anliegen Friedrich endgültig vor allen demütigt, was allgemein als Ursache für den Mord an ihm angesehen wird. Der Gutsbesitzer schließlich wird als gütiger und hilfsbereiter Herr, aber unbeholfener Ordnungshüter gekennzeichnet, der so Friedrich die Möglichkeit zur Flucht eröffnet.

1 Bernd Völkl, *Lektüreschlüssel XL: Annette von Droste-Hülshoff, »Die Judenbuche«*, Stuttgart 2018, S. 26.

Unterrichtsverlauf

Überblick. Die Schülerinnen und Schüler gewinnen einen Überblick über die in der Novelle genannten Personen und vertiefen ihre Kenntnis zu drei zentralen Figuren konkret am Text. Sie ergänzen die dort vorliegenden Informationen durch eigene Vorstellungskraft, unter anderem in Hinblick auf die Lösung des »Cold Case«.

Phase	Thema	Sozialform	Kompetenzen/Lernziele	Materialien
Voraussetzungen: Kenntnis des Gesamttextes				
4.1	Einstieg. Thematisierung weiterer Fragestellungen zum »Cold Case«	UG	• Vergegenwärtigung der Bedeutung der beteiligten Personen	VORLAGE 3 ➤ S. 18
4.2	Textarbeit: Zusammenstellung der Personen	PA / UG	• Überblick über handelnde Figuren gewinnen	TAFELBILD 4 ➤ S. 24
4.3	Erarbeitung: Kenntnis zentraler Figuren erweitern	GA	• Informationen zu Margreth Mergel, geb. Semmler; Hermann Mergel; Simon Semmler sammeln	ARBEITSBLATT 4 ➤ S. 26 VORLAGE 4 ➤ S. 24
4.4	Sicherung: Zentrale Gesichtspunkte zu Eltern und Onkel Friedrichs	UG	• zentrale Gesichtspunkte zu diesen Personen besprechen	
4.5	Vertiefung: Kreative Ergänzungen zu den Personen (am Text) erläutern	UG	• Geschichte der Figuren gedanklich weiterentwickeln	

4.1 Einstieg: Thematisierung weiterer Fragestellungen zum »Cold Case«

Unterrichtsschritt. Mit VORLAGE 3 (3. Stunde) werden die Schüler und Schülerinnen angeregt, die Überlegungen zum »Cold Case« zu wiederholen und ggf. auf die vorhergehende Stunde und deren Ergebnisse zu den Lokalitäten einzugehen. Daraus ergibt sich die Idee, sich nun mit den am Kriminalfall beteiligten Personen zu beschäftigen.

UG

VORLAGE 3 ➤ S. 18

4.2 Textarbeit: Zusammenstellung der Personen

Unterrichtsschritt. Die Lernenden werden zu einer Fallbesprechung eingeladen, bei der eine Schautafel zu den beteiligten Personen entstehen soll. Vorbereitet wird diese in Partnerarbeit und dann im Plenum an der Tafel oder am Whiteboard realisiert. TAFELBILD 4 ist nur eine von vielen möglichen Darstellungsformen, die Lehrperson sollte hier offen sein.

PA / UG

TAFELBILD 4 ➤ S. 24

Erläuterungen. Die Arbeit an Schaubildern zur Lösung eines Falles ist aus vielen Fernsehkrimis bekannt. Dieses Wissen kann mit wenigen Worten noch einmal aktiviert werden. Die Lernenden stellen dann eine Liste der Personen der Erzählung auf und überlegen, wie eine Veranschaulichung (die zur Lösung des Falls – bzw. zur Darstellung der Figurenkonstellation beitragen kann) an der Tafel umgesetzt werden soll. Eventuell entstehen hier kleine Skizzen. Die Lehrkraft kann diese z. B. im Rundgang durch die Klasse kurz sichten und ein Schülerpaar bitten, ihre Idee an der Tafel zu verwirklichen und zu erläutern. Diese sollte dann im Unterrichtsgespräch diskutiert und eventuell noch verbessert werden – die beiden Jugendlichen an der Tafel können hier die Gesprächsleitung übernehmen.

TAFELBILD 4

Fallbesprechung: Wer ist beteiligt?

<u>Familie des Hauptverdächtigen</u>

- Mutter: Margreth Mergel, geb. Semmler
- Onkel: Simon Semmler
- Evtl. Cousin: Johannes Niemand

<u>Hauptverdächtiger</u>

<u>Friedrich Mergel</u>

<u>Umfeld des Hauptverdächtigen – Dorf B.</u>

- Gutsherr: Baron von S.
- Familie Hülsmeyer, bes. Wilm Hülsmeyer
- der junge Brandis

<u>Todesfälle/Opfer</u>

→ Vater: Hermann Mergel
→ Jude Aaron
→ Förster Brandis

4.3 Erarbeitung: Kenntnis zentraler Figuren erweitern

GA

ARBEITSBLATT 4 ➤ S. 26

VORLAGE 4 ➤ S. 24

Unterrichtsschritt. Die Schüler und Schülerinnen schreiben in arbeitsteiliger Gruppenarbeit über die wichtigen Figuren Margreth Semmler, Hermann Mergel und Simon Semmler, indem sie die teambezogenen Arbeitsaufträge auf ARBEITSBLATT 4 ***Cold-Cases-Team. Auswertung 2: Personen*** ausarbeiten. Sie orientieren sich dabei an den Informationen, die sie der Novelle entnehmen können. Zur Differenzierung kann man langsameren Schülergruppen die Seitenzahlen der relevanten Stellen angeben (VORLAGE 4 ***Wo die wichtigen Informationen zu finden sind***, die am besten kopiert oder ausgedruckt vorrätig ist und bei Bedarf einer Gruppe zur Verfügung gestellt werden kann). Im Anschluss stellen die drei Gruppen die Einzeltexte zu einem schlüssigen Gesamttext zusammen.

Erläuterungen. Als Motivation dient die Idee, die »Cold-Cases-Teams« der Klasse nach der Fallbesprechung ausschwärmen und nach Dokumenten suchen zu lassen, die helfen könnten, den Fall zu lösen. Die Klasse wird in drei Gruppen geteilt – jede Gruppe bringt ein solches Dokument mit in die nächste Besprechung (am Stundenende). Die Dokumente sollen – in Anlehnung an den handlungs- und produktionsorientierten Literaturunterricht – in den Kleingruppen verfasst werden. Die Aufgaben auf ARBEITSBLATT 4 sind so formuliert, dass auch innerhalb der Gruppen arbeitsteilig gearbeitet werden kann. Je zwei bis drei Schüler werden einen Textteil erstellen, der jeweils einen konkreten Bezug zu bestimmten Textstellen hat, die hier herangezogen werden sollen.

VORLAGE 4

Wo die wichtigen Informationen zu finden sind

Gruppe 1	Margreth Semmler: Tagebuchauszüge	S. 6 f. | S. 8 f. | S. 27 f. | S. 50
Gruppe 2	Hermann Mergel: Gespenstergeschichte	S. 6 f. | S. 27 f. | S. 56 f.
Gruppe 3	Simon Semmler: Gerichtsakte	S. 12 | S. 35 | S. 27 f. | S. 20 ff. | S. 34 f.

4.4 Sicherung: Zentrale Gesichtspunkte zu Eltern und Onkel Friedrich

Unterrichtsschritt. Die Lerngruppen tragen ihre Texte vor. In der Klasse wird besprochen, ob die Texte den Informationen, die in der Novelle genannt werden, gerecht werden. Gegebenenfalls wird in der *Judenbuche* noch einmal nachgeschlagen. UG

4.5 Vertiefung: Kreative Ergänzungen zu den Personen (am Text) erläutern

Unterrichtsschritt. Die Lernenden erläutern, welche eigenen Ideen sie in ihren Texten eingebracht haben und wie diese zur Lösung des Falls beitragen könnten. UG

Erläuterungen. Die Ideen sollen im Unterrichtsgespräch kritisch hinterfragt und gegebenenfalls weiterentwickelt werden.

Leitfragen:
- Passt die Idee zu den Sachinformationen, die in der Erzählung genannt werden?
- Passt die Idee zum Charakter der vorgestellten Person?
- Inwiefern bringt die Idee die Entwicklung des »Cold Case« voran?
- Inwiefern könnte man mit modernen Methoden der Kriminalistik hier weiterkommen?

ARBEITSBLATT 4

Cold-Cases-Team

Auswertung 2: Personen

Der Mord an dem Juden Aaron im Oktober 1760 soll über 250 Jahre später mit Hilfe der modernen Kriminaltechnik aufgeklärt werden. Dazu müssen umfangreiche Recherchen und Untersuchungen durchgeführt werden. Als zweiten Schritt müssen alle beteiligten Personen genau in den Blick genommen werden.

Aufgabe: Eure Cold-Cases-Teams finden wichtige, uralte Dokumente, die zur Lösung des Falls beitragen.

- Erarbeitet mit Hilfe der Erzählung *Die Judenbuche* ein solches Dokument!
- Achtet darauf, dass alle Einzelheiten, die ihr erwähnt, tatsächlich mit dem Erzähltext übereinstimmen.
- Wenn ihr wollt, könnt ihr weitere Details dazuerfinden – markiert diese aber als eure Ideen! Sie müssen außerdem logisch zum Originaltext passen! Vielleicht finden sich hier Ansätze zur Lösung des Falls?

Team 1

Im alten Haus der Mergels tauchen Auszüge aus Margreths *Tagebüchern* auf, aus denen deutlich wird, wie es ihr zu dieser Zeit geht!

1. Ein Text, den sie kurz vor ihrer Hochzeit verfasst hat.
2. Aus der Nacht, in der ihr Mann stirbt.
3. Sie macht sich Sorgen um ihren Sohn.
4. Kurz vor ihrem Tod denkt sie noch einmal über alles nach.

Team 2

Im alten Pfarrhaus findet sich ein vom Pfarrer geschriebenes *Buch über die Gespenstererscheinungen* in der Gegend! Darin geht es auch um den Geist des alten Hermann Mergel.

1. Zuerst wird über Sichtungen des Gespenstes in der Gegend berichtet.
2. Dann wird die Lebensgeschichte des Hermann Mergel erzählt.
3. Ganz genau geht der Pfarrer auf die Todesnacht Mergels ein.
4. Am Schluss spekuliert er über weitere mögliche Gespenster in der Gegend – bekanntlich gehen ja die Geister von Selbstmördern um.

Team 3

Im Archiv des Gerichtsgebäudes von Brede wird eine *Gerichtsakte* über Simon Semmler entdeckt!

1. Ein Gerichtsschreiber beschreibt Simon äußerlich und den Eindruck von seinem Charakter.
2. Es wird besprochen, ob Simon als Adoptivvater (für Friedrich) geeignet ist.
3. Es werden Verdachtsmomente bezüglich der Verbindung zu den Blaukitteln gesammelt.
4. Es wird erörtert, ob man Simon wegen des Mordes am Förster Brandis den Prozess machen soll.

5 Einen psychologischen Blick auf Friedrich Mergel werfen

Sachanalyse

Die *Judenbuche* ist auch eine Geschichte des Friedrich Mergel, dessen Leben von der Geburt zu Beginn der Erzählung bis zum Selbstmord an der Buche (gesetzt den Fall, dass der Rückkehrer aus der Sklaverei Friedrich ist), der den Schlusspunkt setzt, dargestellt wird. Es handelt sich hier um eine Verbrechensgeschichte, bei der der Täter und der Hintergrund der Tat im Mittelpunkt stehen – es geht dabei auch um die sehr moderne Frage, was einen Menschen zum Mörder werden lässt. Aus heutiger Sicht kann man dabei verschiedene Faktoren klar identifizieren: »Das Erbgut, frühkindliche Erlebnisse, eine prägende Kultur und das jeweilige soziale Umfeld ergeben zusammen eine individuelle Neigung zur Aggression.«[1]

Annette von Droste-Hülshoff buchstabiert diese Faktoren für die Hauptfigur der *Judenbuche* alle aus. Das Erbgut wird im Blick auf die Eltern und den Onkel sichtbar: Beim Vater, einem Alkoholiker, ist vor allem eine Neigung zur Gewalt festzustellen. Diese offenbart sich bereits in dessen erster Ehe, die junge Ehefrau sucht kurz nach der Hochzeit »schreiend und blutrünstig« (S. 6) Zuflucht bei ihren Eltern. Auch in der zweiten Ehe mit Friedrichs Mutter schlägt er wieder zu (S. 7). Die instabile Persönlichkeit des Vaters zeigt sich auch in dessen selbstverletzenden Verhalten (S. 6). Die Mutter scheint zunächst stabiler zu sein, gilt als anständig, klug und selbstbewusst, verfällt aber zusehend in der Ehe. Zudem ist auch von mütterlicher Seite eine erbliche Vorbelastung da, die sich am Bruder der Mutter erkennen lässt, der als moralisch verkommenes verbrecherisches Subjekt dargestellt wird, das für seinen (vermutlichen) unehelichen Sohn Johannes Niemand keine Verantwortung übernimmt und den christlichen Glauben offenkundig ablehnt (S. 34). Insofern ist also von beiden Elternteilen her eine genetische Disposition festzustellen.

Als Kind entwickelt sich Friedrich körperlich gut, er ist ein gesunder, hübscher Junge (S. 7), schlank, mit zarten Gesichtszügen und langen blonden Locken (S. 14). Es werden jedoch auch belastende Faktoren aus der Kindheit geschildert: Friedrichs Leben beginnt bereits mit der Erfahrung, dass er zurückgewiesen wird, seine Mutter ist unglücklich über die Schwangerschaft und weint, als man ihr den Neugeborenen in den Arm legt (S. 7). Sie erzieht ihren Sohn im christlichen Glauben, den sie jedoch in erschreckender Weise auslegt, so dass Friedrich große Ängste vor dem Teufel entwickelt (S. 8). Der Tod des Vaters, der sich dem kleinen Friedrich gegenüber liebevoll gezeigt hat, ist für den Neunjährigen ein traumatisches Ereignis. Das Gerede im Dorf, dass der Vater das »Gespenst des Brederholzes« (S. 11) sei, lässt den Jungen auch später nicht zur Ruhe kommen. Die Mutter erzieht ihn nun alleine, lässt ihn »die Stelle einer Tochter [...] ersetzen« (S. 14). Bedrückend ist auch die Armut der Familie, die sich in Friedrichs Arbeit als Hirte und seiner zerlumpten Kleidung (S. 14) niederschlägt.

In seinem sozialen Umfeld, der »hochmütigste[n], schlauste[n] und kühnste[n] Gemeinde des ganzen Fürstentums« (S. 4), ist er zu dieser Zeit ein Außenseiter. Er setzt sich gegen die Sticheleien der anderen Jungen im Dorf körperlich zur Wehr, versucht sogar, die Lästerer mit einem Messer zu erstechen, doch er ist den anderen unterlegen und muss viele Prügel einstecken (S. 11). In der Folge bleibt er lieber allein.

Mit zwölf Jahren wird Friedrich von seinem Onkel Simon adoptiert, der großen Einfluss auf ihn hat – »der Knabe war seitdem wie verwandelt, das träumerische Wesen gänzlich von ihm gewichen, er trat fest auf, fing an sein Äußeres zu beachten und bald in den Ruf eines hübschen, gewandten Burschen zu kommen« (S. 21). Gleichzeitig wird er auch in die verbrecherischen Machenschaften des Onkels involviert. Mit 18 Jahren hat Friedrich sich einen »bedeutenden Ruf in der jungen Dorfwelt gesichert« (S. 21). Er kompensiert seine frühere Armut, indem er sich angewöhnt zu prunken (S. 35). Ein »sehr empfindliches Ehrgefühl« (ebd.) lässt ihn jedoch »die geheime Missbilligung Mancher« (ebd.) nicht übersehen, und er kämpft mit »gefürchtete[r] Kühnheit und noch mehr gefürchtete[r] Tücke« (ebd.) stetig um die öffentliche Anerkennung. Im Dorf wird er mittlerweile respektiert, aber nicht gemocht. Alles in allem wird er als »Mensch an dem niemand Freude haben konnte« (ebd.) charakterisiert.

1 Harro Albrecht, »Wer wird zum Täter?«, in: *Die Zeit* Nr. 1 (2017), 29. Dezember 2016.

Unterrichtsverlauf

Überblick. Die Schülerinnen und Schüler werten die Erzählung im Hinblick auf die Hauptfigur Friedrich Mergel aus. Sie sammeln Informationen zu seinem Lebenslauf und Hinweise auf seine charakterliche Entwicklung. Auf der Basis der Textarbeit diskutieren sie die Verantwortlichkeit und Schuld(fähigkeit) Friedrich Mergels (v. a.) für den Mord am Juden Aaron. ! Verkürzter Verlauf: 5.1 – 5.2 – 5.3 – 5.4

Phase	Thema	Sozialform	Kompetenzen/Lernziele	Materialien
Voraussetzungen: Kenntnis des Gesamttextes				
5.1	Einstieg: Frage nach der Schuld Friedrich Mergels	UG	• Fragen zur Hauptperson vergegenwärtigen	
5.2	Textarbeit: Zusammenstellung von Fakten zum Lebenslauf	EA (Think)	• Überblick über den Lebenslauf von Friedrich Mergel gewinnen	ARBEITSBLATT 5 ➤ S. 31
5.3	Erarbeitung: Die Figur charakterisieren	PA (Pair)	• Informationen zum Charakter Friedrich Mergels sammeln	ARBEITSBLATT 5 ➤ S. 31
5.4	Sicherung der Textarbeit	UG	• zentrale Gesichtspunkte zu dieser Person besprechen	ARBEITSBLATT 5 ➤ S. 31
5.5 fakultativ	Vertiefung: Verantwortlichkeit Friedrich Mergels für den Mord an Aaron erwägen	GA / UG (Share)	• Die Schuldfrage in einer Diskussion erörtern	

Hinweis zur Methode. Die Frage nach der Schuld Friedrich Mergels soll offenbleiben und in verschiedenen Aspekten erörtert werden. Als Basis dafür muss eine solide Auseinandersetzung mit dem Text grundgelegt werden. Dann werden die Lernenden ermutigt, den Fall aus verschiedenen Perspektiven wahrzunehmen und sich darüber – gerne auch kontrovers – auszutauschen.

Sie gehen dabei nach dem Think-Pair-Share-Prinzip vor, das bereits Anfang der 1980er Jahre von Frank Lyman als universal einsetzbare Grundstruktur kooperativen Lernens entwickelt wurde und als »dynamische Balance von individuellem Denken und kooperativem Handeln« als besonders geeignet für den Kompetenzerwerb wiederentdeckt wurde, wie etwa Dietlinde Heckt 2008 in ihrem Beitrag »Das Prinzip Think – Pair – Share. Über die Wiederentdeckung einer wirkungsvollen Methode«, in: *Friedrich Jahresheft* 26 (2008), S. 31 schreibt. Im Rahmen dieses Prinzips beschäftigt sich zuerst jeder Schüler, jede Schülerin alleine mit der Quellenanalyse. Die Ergebnisse werden mit einem Partner verglichen und besprochen. Die Meinungsbildung findet in einer Gruppe statt, in der zwei bis drei Paare sich austauschen.

5.1 Einstieg: Frage nach der Schuld Friedrich Mergels

UG

Unterrichtsschritt. Die Lehrkraft lädt zu einer fiktiven Teambesprechung des Cold-Cases-Teams ein. Geklärt werden soll, ob der Hauptverdächtige Friedrich Mergel als Täter tatsächlich in Frage kommt. Vor der genauen Textarbeit kann man die Schülerinnen und Schüler bitten, über ihre spontanen Eindrücke nach der Textlektüre zu fragen: Wer hält Friedrich für schuldig – wer nicht?

EA (Think)

ARBEITSBLATT 5 ➤ S. 31
Lösungshinweise ➤ S. 85

5.2 Textarbeit: Zusammenstellung von Fakten zum Lebenslauf

Unterrichtsschritt. Zunächst werden die »Teammitglieder« aufgefordert, in Einzelarbeit alle Informationen zum Beschuldigten zusammenzutragen. Dazu müssen sie die vorliegende Quelle auswerten. Im ersten Schritt geht es um konkrete Daten und Fakten zu Friedrich Mergels Lebenslauf, die in einer Zeitleiste visualisiert werden sollen (ARBEITSBLATT 5 *Cold-Cases-Team. Teambesprechung: Ist Friedrich Mergel unser Mörder?*, Arbeitsauftrag 1).

5.3 Erarbeitung: Die Figur charakterisieren

PA (Pair)

Unterrichtsschritt. Die Schüler und Schülerinnen fassen in Partnerarbeit die Informationen zu Friedrich Mergels Charakter zusammen. Sie orientieren sich dabei an den Informationen, die sie der Novelle entnehmen können (ARBEITSBLATT 5, Arbeitsauftrag 2a). Im Anschluss tauschen sie sich über die charakterliche Entwicklung Friedrichs aus und denken darüber nach, warum – und unter dem Einfluss welcher Personen – er diesen Werdegang genommen hat (Arbeitsauftrag 2b).

ARBEITSBLATT 5 ➤ S. 31

Erläuterungen. Zunächst wird der Blick der Arbeitspartner auf bestimmte Textstellen gelenkt, wo dezidiert die Entwicklung Friedrich Mergels wertend beschrieben wird. Es werden hier konkret drei Lebensabschnitte genannt, Friedrich als kleineres Kind (S. 7–11), das als unerwünschtes Baby (S. 7) zur Welt kommt und trotz einer guten körperlichen Entwicklung (S. 7), auch wegen des Traumas durch den Tod des Vaters, während der Kindheit als Außenseiter im Dorf (S. 11) aufwächst. Einen Einschnitt stellt die Adoption durch seinen Onkel Simon dar, dem er bei seinen Verbrechen hilft (S. 35). Dadurch verbessert sich die wirtschaftliche Lage, Friedrich tritt nun fest auf, beachten sein Äußeres und gilt als hübscher, gewandter Bursche (S. 21). Als junger Mann im Dorf (S. 35, Z. 13–39) entwickelt er schließlich ein sehr empfindliches Ehrgefühl (S. 35), wird nach wie vor von manchen missbilligt und kämpft tückisch um Anerkennung (S. 35). Als Fazit kann der Satz gelten, er wäre »ein Mensch an dem niemand Freude haben kann« (S. 35).

In der Besprechung kann deutlich werden, dass hier Ursache und Wirkung nahe beieinanderliegen: So führt etwa die Demütigung und Ausgrenzung aufgrund der Armut der Familie zu Prunksucht und Geltungsbedürfnis usw. Zentrale Figuren in Friedrichs Entwicklung sind seine Eltern und sein Onkel Simon, im Idealfall wird hier der Bezug zur vorhergehenden Unterrichtsstunde hergestellt.

5.4 Sicherung der Textarbeit

UG

Unterrichtsschritt. Die Partner tragen ihre Ergebnisse vor. In der Klasse wird obengenannte Entwicklung Friedrich Mergels besprochen und es werden die Erkenntnisse zu Margreth und Hermann Mergel, sowie Simon Semmler aus der letzten Unterrichtsstunde mit der Entwicklung Friedrichs verknüpft.

ARBEITSBLATT 5 ➤ S. 31

5.5 Vertiefung: Verantwortlichkeit Friedrich Mergels für den Mord an Aaron erwägen (fakultativ)

GA / UG (Share)

Unterrichtsschritt. Die Lernenden erörtern, was für und gegen die Schuld Friedrichs an dem Mord an Aaron spricht (Arbeitsauftrag 3).

Erläuterungen. Zunächst sollten diese Gespräche in Kleingruppen erfolgen, können aber dann mit der ganzen Klasse weitergeführt werden. Als Diskussionsergebnis sollte klar sein, dass man Friedrich Mergel (noch) nichts eindeutig nachweisen kann – das Cold-Cases-Team muss also weiter an der Sache dranbleiben.

Mögliche Diskussionsansätze:
Pro:
- Durch Simon Semmler ist Friedrich bereits in verbrecherische Machenschaften (evtl. bis hin zum Mord an Förster Brandis) verstrickt worden.
- Friedrich wird von Aaron vor der Dorfgemeinschaft, auf deren Meinung er sehr viel Wert legt, tief gedemütigt.
- Nach der Tat flieht Friedrich, um sich einer Verhaftung zu entziehen.
- Der Selbstmord Friedrichs (wenn es denn ein Selbstmord war und wenn es tatsächlich Friedrich war) kommt einem Schuldeingeständnis gleich.

Kontra:
- Das Geständnis des Lumpenmoises, Aaron umgebracht zu haben, spricht gegen Friedrichs Schuld.
- Die Flucht kann auch aus Angst wegen der öffentlichen Meinung, Friedrich sei der Täter, erfolgt sein.
- Das ist ein Verwirrspiel, wann tatsächlich Friedrich auf den Plan tritt, wann der Doppelgänger Johannes Niemand.
- Die ›alles beweisende‹ Narbe des Selbstmörders an der Buche, von der bis dahin nie die Rede war.

Nach der Debatte kann man die Eingangsfrage noch einmal aufgreifen: Wer hält Friedrich Mergel für schuldig – wer nicht? (Und warum hat sich evtl. die Einstellung geändert?)

*Differenzierung: Leistungsstärkere Schüler und Schülerinnen können diese Aufgabe zusätzlich schriftlich bearbeiten.

Cold-Cases-Team

Teambesprechung: Ist Friedrich Mergel unser Mörder?

Für die Teambesprechung will der leitende Ermittler »alles wissen«, was es über den Hauptverdächtigen, Friedrich Mergel gibt: Lebensdaten und -ereignisse; Hinweise auf seinen Charakter und sein soziales Umfeld.

Auswertung:

1. Erstelle eine Übersicht über die bekannten Fakten zu Friedrich Mergels Leben mit Hilfe der Zeitleiste!

Zeitleiste zu Friedrich Mergels Lebenslauf – Fakten:

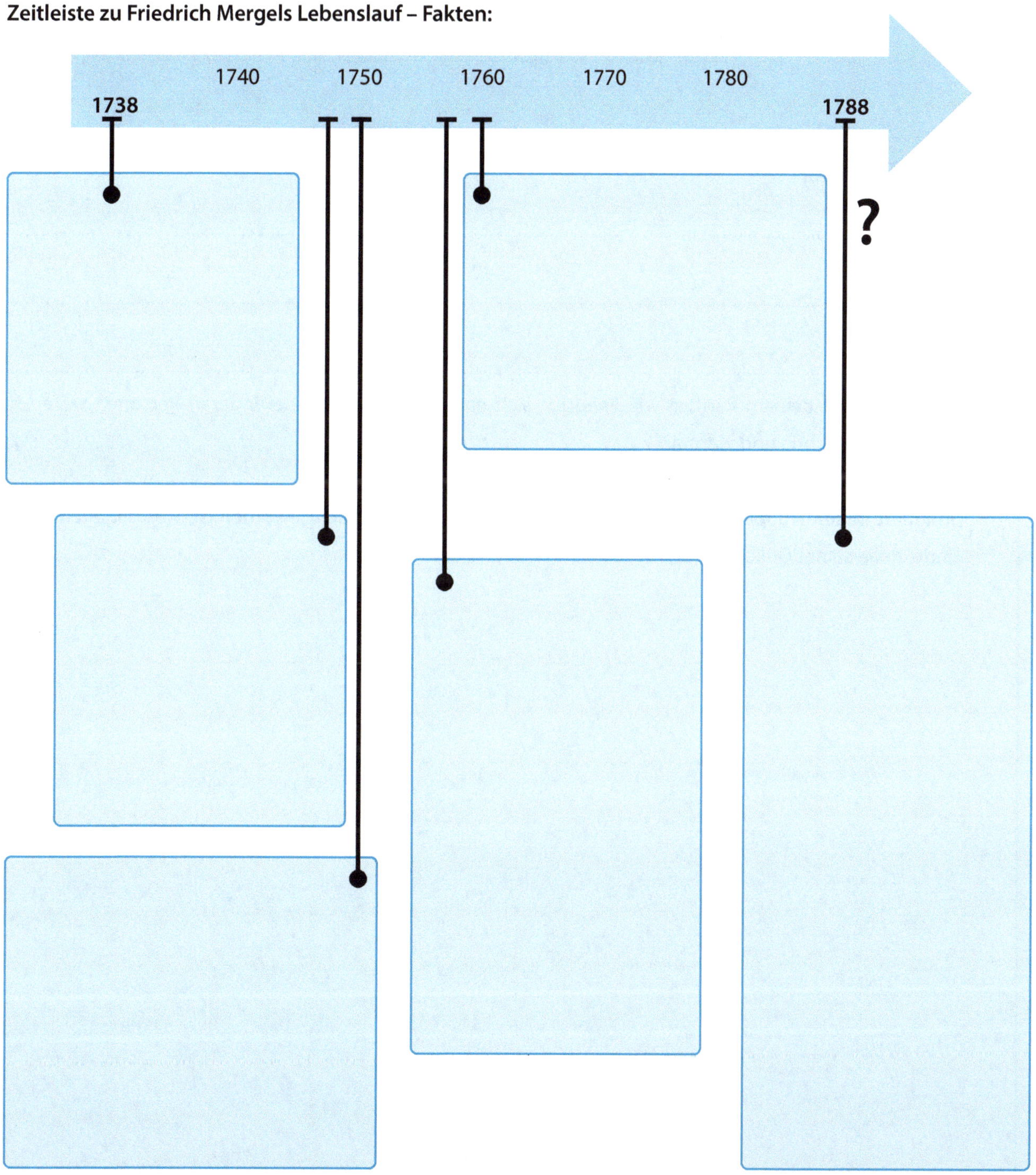

2. a) Was lässt sich über Friedrichs charakterliche Entwicklung herausfinden? Lest an den angegebenen Textstellen nach und fasst knapp zusammen:

als kleineres Kind (S. 7–11)

....

....

....

nachdem sein Onkel Simon ihn adoptiert hat (S. 11–13; S. 21–22; S. 33–35, Z. 12)

....

....

....

als junger Mann im Dorf (S. 35, Z. 13 – S. 39)

....

....

....

b) Besprich mit deinem Partner, wie Friedrich sich entwickelt hat! Welche anderen Personen waren für diese Entwicklung wichtig und warum?

3. Diskutiert in der Gruppe: Was spricht dafür, dass Friedrich zum Mörder geworden ist, was dagegen? Wie schätzt ihr die Rolle seines Onkels Simon für seine Entwicklung ein?

6 Erzähltechnik und Aufbau der Erzählung untersuchen

Sachanalyse

Ein besonderes Merkmal der Novelle *Die Judenbuche* ist die kunstvolle Erzähltechnik, die den Leser teilweise unmittelbar hineinnimmt in ein spannungsgeladenes Geschehen, teilweise verwirrt zurücklässt. Die gleichzeitig distanziert-analytisch ein »Sittengemälde« beschreibt, und zugleich psychologisch-einfühlsam den Werdegang eines mutmaßlichen Verbrechers nachzeichnet.

In der Regel beginnt eine Novelle mit einer Exposition in Prosaform. Annette von Droste-Hülshoff eröffnet *Die Judenbuche* jedoch mit einem Gedicht in Versform (S. 3), das den Leser direkt anspricht und eine wertende Aufforderung enthält – »Lass ruhn den Stein – er trifft dein eignes Haupt!« (ebd.) – die erst interpretierbar wird, wenn man die ganze Geschichte kennt. Dazu kann der Einstieg als Zeichen für eine Poetisierung der Erzählung bewertet werden. Diese Poetisierung steht in Kontrast zu einer Deutung der Novelle als Wiedergabe einer »wahren Geschichte«: »Obwohl Annette von Droste-Hülshoff bereits in einem Brief vom 24. August 1839 an Levin Schücking ihre Novelle als ›beste Erfindung‹[1] [...] bezeichnet und zahlreiche fiktive Elemente eigentlich von keinem Leser übersehen werden können, sprechen auffallend viele Interpreten im Zusammenhang mit der *Judenbuche* von objektivem, sachlichem oder auch möglichst wahrheitsgetreuem Erzählen. Außerdem sind bis in die Gegenwart hinein immer wieder Texte zur *Judenbuche* auszumachen, in denen nicht konsequent von einem fiktiven textimmanenten Erzähler ausgegangen wird.«[2] Grundsätzlich handelt es sich um einen auktorialen Erzähler, der das Geschehen gleichsam von außen betrachtet und gleichzeitig die Gedanken der Figuren kennt. Als Friedrich etwa nach dem Zwischenfall mit Förster Brandis nach Hause geht und mit seiner Mutter spricht, »klagte [er] über heftige Kopfschmerzen und hatte auf ihre besorgte Nachfrage erzählt, wie er sich schwer geärgert über den Förster; kurz den ganzen eben beschriebenen Vorgang, mit Ausnahme einiger Kleinigkeiten, die er besser fand, für sich zu behalten« (S. 27). Obwohl ein auktorialer Erzähler de facto alles weiß, bzw. alles wissen könnte, gibt der Erzähler der *Judenbuche* nicht alles preis, sondern nimmt im Lauf der Erzählung unterschiedliche Erzählhaltungen ein, die Bernd Völkl quantitativ ausdifferenziert, wenn er davon spricht, die Form der Beschreibung nähme etwa 10 % des Gesamttextes ein, 15 % ließen sich als Berichterstattung klassifizieren und an den entscheidenden Handlungsstellen käme eine szenisch-dialogische Darstellung zum Einsatz, die er mit der Betrachtung eines Theaterstückes oder Films vergleicht.[3] Die Beschreibung nimmt nur das äußere Geschehen in den Blick, und sie nimmt dazu eine distanzierte, analytische Haltung zum Text ein. Im Mittelpunkt stehen hier besonders Milieuschilderungen, wie etwa die Darstellung des Dorfes B. zu Beginn der Erzählung. Auch nach den Erzählhöhepunkten wird mittels beschreibender Textteile wieder eine Distanz zum Geschehen hergestellt (vgl. z.B. die Schilderung der Folgen des Todes des Vaters, S. 11). Der Bericht ist die Erzählform, mit deren Hilfe die Zeitsprünge, die immer wieder vorgenommen werden, überwunden werden. So wird etwa über die Jugend und erste Ehe Hermann Mergels erzählt, über die Zeit bis zur zweiten Verehelichung jedoch nur in einem Satz berichtet (vgl. S. 6). Teilweise werden auch dialogische Szenen berichtend zusammengefasst. Bernd Völkl stellt in einem Schema den Aufbau des Texts dar, in dem er fünf Höhepunkte ausmacht, die jeweils durch eine szenisch-dialogische Darstellung gekennzeichnet sind, etwa den Tod des Vaters: »Das dramatische Geschehen um den Tod Hermann Mergels wird lebendig und ausführlich geschildert und könnte praktisch unverändert als Vorlage für eine Filmszene dienen.«[4] Das Augenmerk des Lesers wird dabei oft auf kleine Details gelegt, die entscheidenden Ereignisse werden aber nur indirekt, im Nachhinein geschildert. So gelingt die Verschleierung des wahren Geschehens.

1 Annette von Droste-Hülshoff, *Historisch-kritische Ausgabe*, Bd. 9,1: *Briefe 1839–1842. Text*, bearb. von Walter Gödden und Ilse-Marie Barth, Tübingen 1993, S. 58 (Anm. A. N.).

2 Carmen Rieb: *»Ich kann nichts davon oder dazu tun«. Zur Fiktion der Berichterstattung in Annette von Droste-Hülshoffs Judenbuche*, in: *Erzähler Erzählen Erzähltes*, hrsg. von Wolfgang Brandt, Stuttgart 1996, S. 60.

3 Vgl. Bernd Völkl, *Lektüreschlüssel XL: Annette von Droste-Hülshoff, »Die Judenbuche«*, Stuttgart 2018, S. 41 f.

4 Ebd., S. 34.

Unterrichtsverlauf

Überblick. Die Schülerinnen und Schüler betrachten den Erzähler des Textes und dessen unterschiedliche Erzählmodi. Sie untersuchen dazu eine selbstgewählte Textstelle. Im Anschluss lernen sie die Begriffe »Beschreibung«, »Bericht«, »szenisch-dialogische Darstellung« (wie Bernd Völkl sie verwendet) kennen und ordnen ausgewählte Textstellen diesen Erzählformen zu. Schließlich verorten sie diese Textstellen im Schaubild der Erzählstruktur und können so den kunstvollen Aufbau der Novelle wertschätzen. ! **Verkürzter Verlauf: 6.1 – 6.3 – 6.4 – 6.5**

Phase	Thema	Sozialform	Kompetenzen/Lernziele	Materialien
Voraussetzungen: Kenntnis des Gesamttextes				
6.1	Einstieg: Die Frage nach der Erzähltechnik aufwerfen	UG	• Bereitschaft, sich mit der Erzähltechnik auseinanderzusetzen	VORLAGE 6 ➤ S. 35 TAFELBILD 6 ➤ S. 35
6.2 fakultativ	Textarbeit: Eine Textstelle auf die vorliegenden Erzählformen hin untersuchen	GA	• Verschiedene Erzählformen im Text identifizieren	
6.3	Erarbeitung: Die Begriffe »Beschreibung«, »Bericht«, »szenisch-dialogische Darstellung« mit dem Text in Verbindung bringen	UG / LV	• Die Erzählformen Beschreibung, Bericht, szenisch-dialogische Darstellung erfassen	TAFELBILD 6 ➤ S. 35
6.4	Sicherung: Beschreibung, Bericht, szenisch-dialogische Darstellung im Text identifizieren	EA	• Textstellen den Erzählformen zuordnen	ARBEITSBLATT 6a ➤ S. 37
6.5	Erweiterung: Die Erzählformen innerhalb der Erzählstruktur einordnen	PA	• Die Erzählstruktur erfassen	ARBEITSBLATT 6b ➤ S. 39

6.1 Einstieg: Die Frage nach der Erzähltechnik aufwerfen

UG

VORLAGE 6 ➤ S. 35
TAFELBILD 6 ➤ S. 35

Unterrichtsschritt. Einleitend beginnt die Lehrperson zu erzählen: »Die Dichterin Annette von Droste-Hülshoff hat den Text unseres Kriminalfalles aufgeschrieben.« Sie zeigt begleitend das Bild des »Schwalbennestes« im Fürstenhäusle von Droste-Hülshoff (VORLAGE 6 ***Das »Schwalbennest« im sogenannten Fürstenhäusle Droste-Hülshoffs***). – Dann setzt sie fort: »Der Text wird von einem ›textimmanenten‹, das heißt im Text schon enthaltenen, Erzähler, der praktisch einen Zeugen der Geschichte darstellt, erzählt. Nennen wir diesen Zeugen den ›Narrator‹ oder den ›Zeugen N.‹. Bisher haben wir uns ganz auf diesen Text verlassen – aber ist der Zeuge N. denn überhaupt glaubwürdig?«

Als Zielangabe folgt hier die Überschrift an der Tafel: »Fallbesprechung: Wie zuverlässig ist Zeuge N.?« – Es folgt die Stundenaufgabe: »Als geübte Verhörspezialisten werden wir die Quelle auswerten und die Glaubwürdigkeit prüfen.« Im Folgenden werden die Schüler und Schülerinnen aufgefordert, Fragen zu finden, die sich bei der Auswertung des Textes stellen. Diese werden an der Tafel (TAFELBILD 6) festgehalten. (Die weiteren Spalten des TAFELBILD 6 werden in den folgenden Unterrichtsschritten erarbeitet.)

Erläuterungen. Mit der Frage, inwiefern sich der Text als tatsächliche Zeugenaussage werten lässt, soll das Interesse der Schülerinnen und Schüler geweckt werden. Die Fragen, die sich hier stellen können, sollen sie selbst formulieren, es müssen auch nicht alle Aspekte vorhanden sein. Fachbegriffe, wie auktorialer Erzähler, Erzählperspektive u. Ä., werden an dieser Stelle nicht zwingend genannt. Mögliche Fragen sind in TAFELBILD 6 zusammengestellt.

VORLAGE 6

Das »Schwalbennest« im sogenannten Fürstenhäusle Droste-Hülshoffs in Meersburg am Bodensee. – Staatliche Schlösser und Gärten Baden-Württemberg, Fürstenhäusle Meersburg, Foto: B. Wrobel

TAFELBILD 6

Fallbesprechung: Wie zuverlässig ist Zeuge N.?

Fragen:

- Erzählt N., was er wirklich gesehen und /oder gehört hat?
- Erzählt N. Dinge, die er nicht sicher wissen kann / die er sich (aus)denkt?
- Gibt N. seine Meinung über andere wider / hat er Vorurteile?
- Schmückt N. den Text aus, um ihn z. B. dramatischer zu machen o. Ä.?
- Fasst N. Geschehnisse knapp zusammen?

Identifizierte Erzählformen:

Beschreibung →
- zeitlos, analytische Darstellung
- Distanz zum Geschehen
- nur das äußere Geschehen wird betrachtet

Bericht →
- zusammenfassend
- führt Geschehen weiter
- oft zeitraffend

Szenisch-dialogische Darstellung →
- Leser wird ins Geschehen versetzt
- Erzählzeit = erzählte Zeit
- »wie auf der Bühne oder im Film«

6.2 Textarbeit: Eine Textstelle auf die vorliegenden Erzählformen hin untersuchen (fakultativ)

GA

TAFELBILD 6 ➤ S. 35

Unterrichtsschritt. Die Schülerinnen und Schüler wählen einen Textausschnitt aus, den sie im Hinblick auf ihre Fragen untersuchen wollen, und tun dies in Gruppenarbeit. Der ausgewählte Text wird auf das »Zeugnis des Zeugen N.« hin untersucht, die Fragen an der Tafel (TAFELBILD 6) helfen dabei. Im Anschluss stellen die Gruppen ihre Auswertungen vor, wobei sie die Textentscheidung begründen.

Erläuterungen. Wichtig ist, dass unterschieden wird zwischen Textpassagen, bei denen man das Gefühl hat, der Erzähler (und mit ihm der Leser) sind wirklich mit dabei, und zusammenfassenden und eher analytischen Schilderungen. Auch die Tatsache, dass der Erzähler manches berichtet, das er nur als »allwissender« Erzähler wissen kann (und nicht als teilnehmender Zeuge), und dass in manchen Textteilen stark gewertet wird, sollte zur Sprache kommen.

Geeignete Textstellen sind u. a.:

- Darstellung des äußeren Geschehens im Dorf B. (Beschreibung und Wertung): Reclam XL, S. 3.
- Bericht über die Eheschließungen Hermann Mergels (wertend, zeitraffend): S. 6 f.
- Dramatische Schilderung um den Tod Hermann Mergels (szenisch-dialogisch): S. 8 f.

6.3 Erarbeitung: Die Begriffe »Beschreibung«, »Bericht«, »szenisch-dialogische Darstellung« mit dem Text in Verbindung bringen

UG / LV

TAFELBILD 6 ➤ S. 35

Unterrichtsschritt. Falls bei der Auswertung der vorhergehenden Gruppenarbeit einer der Begriffe »Beschreibung«, »Bericht« oder »szenisch-dialogische Darstellung« fällt oder inhaltlich Passendes benannt wird (z. B. man habe hier den Eindruck, der Zeuge N. steht direkt beim Geschehen o. Ä.), können diese Aspekte gleich aufgegriffen und an der Tafel (TAFELBILD 6, Fortsetzung) fixiert werden. Ansonsten gibt die Lehrkraft die Begriffe vor, erläutert sie im Sinne Bernd Völkls (s. Sachanalyse, S. 33) und visualisiert sie an der Tafel (TAFELBILD 6). Die Schülerinnen und Schüler prüfen im weiteren Unterrichtsgespräch die von ihnen gewählte Textstelle, ob und wie sich Teile davon in diese Matrix einordnen lassen.

6.4 Sicherung: »Beschreibung«, »Bericht«, »szenisch-dialogische Darstellung« im Text identifizieren

EA

ARBEITSBLATT 6a ➤ S. 37
Lösungshinweise ➤ S. 86 f.

Unterrichtsschritt. Die Lernenden ordnen auf ARBEITSBLATT 6a ***Cold-Cases-Team. Auswertung: Wie zuverlässig ist Zeuge N.?*** Textausschnitte den vorgegebenen Textkategorien »Beschreibung«, »Bericht«, »szenisch-dialogische Darstellung« zu. Dann werden die Zuordnungen gemeinsam besprochen.

6.5 Erweiterung: Die Erzählformen innerhalb der Erzählstruktur einordnen

PA

ARBEITSBLATT 6b ➤ S. 39
Lösungshinweise ➤ S. 88

Unterrichtsschritt. Auf ARBEITSBLATT 6b ***Cold-Cases-Team. Auswertung: Wie ist der Text arrangiert?*** ist die Erzählstruktur der *Judenbuche* graphisch dargestellt. Die Lernenden ordnen in Partnerarbeit die Textausschnitte von ARBEITSBLATT 6a in die Struktur ein und ordnen die jeweilige Erzählform zu. Sie tauschen sich mit ihrem Partner darüber aus, wie Annette von Droste-Hülshoff die »Aussagen des Zeugen N.« bzw. die Form der Erzählung arrangiert hat.

Erläuterungen. Ziel ist die Erkenntnis, dass an den Höhepunkten die Erzählung jeweils in die »szenisch-dialogische Darstellung« wechselt und dass dazwischen weite Strecken knapp berichtend zusammengefasst werden.

Cold-Cases-Team

Auswertung: Wie zuverlässig ist Zeuge N.?

Hauptzeugnis ist der Text, den Annette von Droste-Hülshoff niedergeschrieben hat. Erzählt wird alles von einer Person, nennen wir sie N. (wie Narrator) – wie glaubwürdig ist ihr Zeugnis? Teilweise beschreibt Zeuge N. Szenen, teilweise berichtet er über Tatsachen. Bei manchen Ereignissen scheint er dabei gewesen zu sein, der Text wirkt wie ein Filmausschnitt. Zum Teil spricht er aber über Dinge, die man gar nicht wissen kann (Gedanken von Personen o. Ä.), als ob er allwissend wäre, und wertet das Erzählte. Betrachtet den Text daraufhin!

Arbeitsauftrag: Ordnet die folgenden Textausschnitte den Erzählformen zu, indem ihr sie entsprechend farbig kennzeichnet.

Beschreibung	Bericht	Szenisch-dialogische Darstellung (»Filmausschnitt«)

	… im Dorfe B., das, so schlecht gebaut und rauchig es sein mag, doch das Auge jedes Reisenden fesselt durch die überaus malerische Schönheit seiner Lage in der grünen Waldschlucht eines bedeutenden und geschichtlich merkwürdigen Gebirges … (S. 3)
	Die Wirtschaft verfiel; fremde Mägde brachten Schimpf und Schaden; so verging Jahr auf Jahr. Mergel war und blieb ein verlegener und zuletzt ziemlich armseliger Witwer, bis er mit einem Male wieder als Bräutigam auftrat. (S. 6)
	»Mutter, kommt der Vater heute nicht?«, fragte er. – »Nein, Kind, morgen.« – »Aber warum nicht, Mutter? er hat's doch versprochen.« – »Ach Gott, wenn der Alles hielte, was er verspricht! Mach, mach voran, dass du fertig wirst!« (S. 8)
	Friedrich hatte seinen Vater auf dem Stroh gesehen, wo er, wie man sagt, blau und fürchterlich ausgesehen haben soll. Aber davon erzählte er nie und schien ungern daran zu denken. (S. 11)
	»Simon, bist du da?«, sagte sie und zitterte, dass sie sich am Stuhle halten musste. »Willst du sehen, wie es mir geht und meinem schmutzigen Jungen?« – Simon betrachtete sie ernst und reichte ihr die Hand: »Du bist alt geworden, Margreth!« (S. 12)
	Diese letzten Worte wurden unter dem Schirme einer weiten Buche gesprochen, die den Eingang der Schlucht überwölbte. Es war jetzt ganz finster; das erste Mondviertel stand am Himmel, aber seine schwachen Schimmer dienten nur dazu, den Gegenständen, die sie zuweilen durch eine Lücke der Zweige berührten, ein fremdartiges Ansehen zu geben. (S. 15)

In seinem achtzehnten Jahre hatte Friedrich sich bereits einen bedeutenden Ruf in der jungen Dorfwelt gesichert, durch den Ausgang einer Wette, in Folge deren er einen erlegten Eber über zwei Meilen weit auf seinem Rücken trug, ohne abzusetzen. (S. 21)

»Friedrich, stell dich nicht an wie ein Narr! Du kennst mich und du verstehst mich auch!« – Ein Blick begleitete diese Worte, der schnell wirkte. – »Herr Brandis, denkt an meine Mutter!« – »Das tu ich. Hast du nichts im Walde gehört?« – »Im Walde?« (S. 25)

Um Mittag saß Frau Margreth am Herd und kochte Tee. – Friedrich war krank heimgekommen, er klagte über heftige Kopfschmerzen und hatte auf ihre besorgte Nachfrage erzählt, wie er sich schwer geärgert über den Förster … (S. 27)

»Um Gotteswillen! brennt es?«, rief Frau von S. und sank mit dem Gesichte auf den Stuhl. Die Türe ward aufgerissen und herein stürzte die Frau des Juden Aaron, bleich wie der Tod, das Haar wild um den Kopf, von Regen triefend. Sie warf sich vor dem Gutsherrn auf die Knie. »Gerechtigkeit!«, rief sie, »Gerechtigkeit! mein Mann ist erschlagen!« und sank ohnmächtig zusammen. (S. 41)

Die Untersuchung war kurz, gewaltsamer Tod erwiesen, der vermutliche Täter entflohen, die Anzeigen gegen ihn zwar gravierend, doch ohne persönliches Geständnis nicht beweisend, seine Flucht allerdings sehr verdächtig. So musste die gerichtliche Verhandlung ohne genügenden Erfolg geschlossen werden. (S. 45)

Totenbleich kam er auf dem Schlosse an: in der Judenbuche hänge ein Mensch; er habe die Beine gerade über seinem Gesichte hängen sehen. – »Und du hast ihn nicht abgeschnitten, Esel?«, rief der Baron. – »Herr«, keuchte Brandis, »wenn Ew. Gnaden da gewesen wären, so wüssten Sie wohl, dass der Mensch nicht mehr lebt. Ich glaubte anfangs, es seien die Pilze.« (S. 57)

ARBEITSBLATT 6b

Cold-Cases-Team

Auswertung: Wie ist der Text arrangiert?

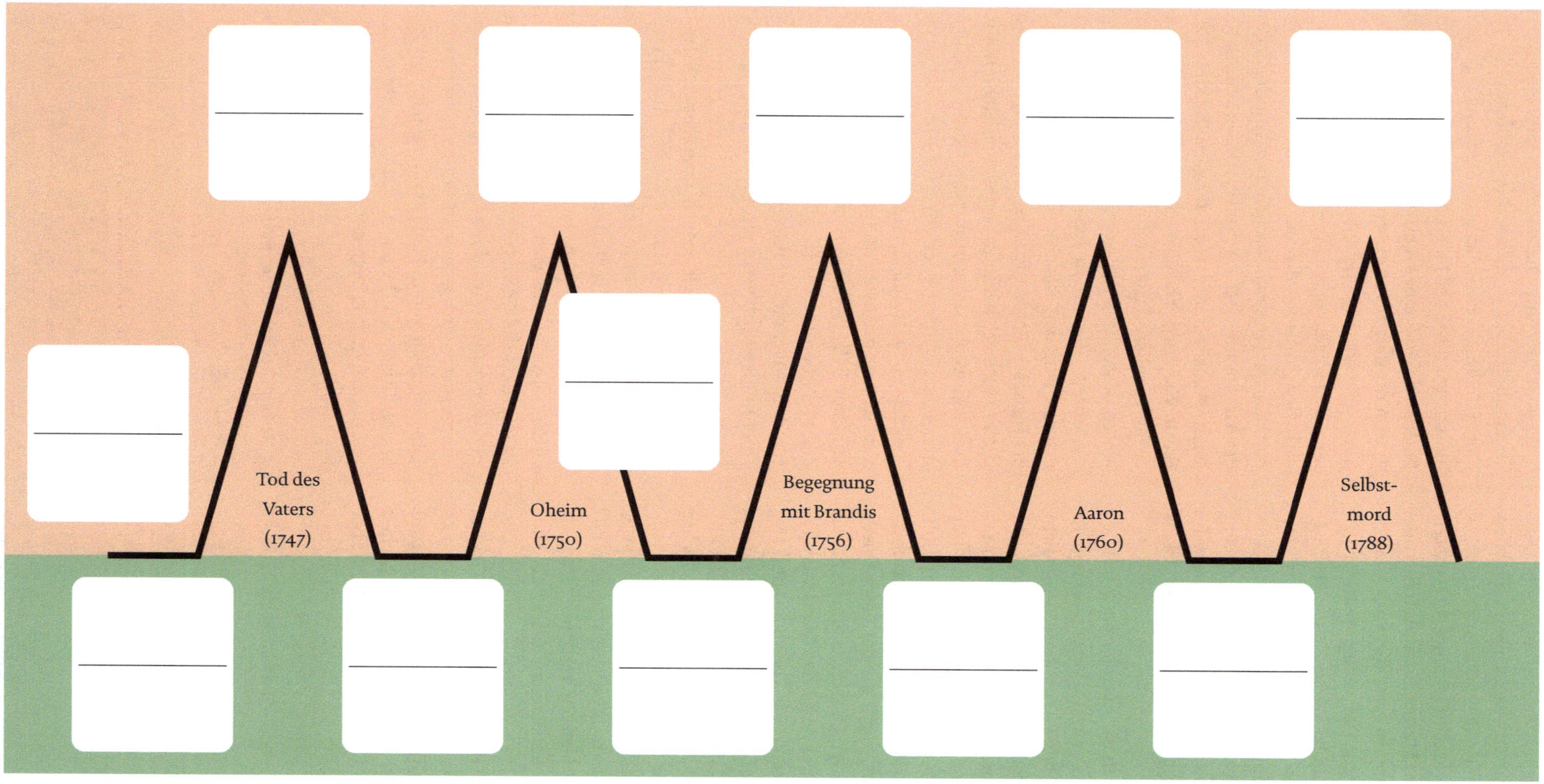

Graphische Darstellung nach: Bernd Völkl, *Lektüreschlüssel XL: Annette von Droste-Hülshoff, »Die Judenbuche«*, Stuttgart: Reclam, 2018, S. 32 f.

Arbeitsauftrag:

Ermittelt, welche Textmuster vorliegen! Ordnet die Erzählform mit Angabe der Seitenzahl der Textausschnitte von ARBEITSBLATT 6a in die Strukturübersicht der Erzählung ein!

7 Die Haltung zum christlichen und jüdischen Glauben hinterfragen

Sachanalyse

Annette von Droste-Hülshoff entstammt einem alten westfälischen katholischen Adelsgeschlecht. Sie blieb ledig und war damit – den Konventionen der Zeit entsprechend – lange dem Diktat ihrer standesbewussten und streng katholischen Mutter unterworfen. Ihre weltanschauliche Position ist grundlegend konservativ, aber nicht unkritisch: »Sie setzte vielmehr das tradierte christlich-ständische Weltbild auf den Prüfstand ihrer eigenen Zeit- und Selbsterfahrung und kam dabei durchaus zu einer eigenständigen [...] geistigen Positionsbestimmung.«[1] Kritisch sieht sie vor allem die menschliche *ratio*, die sie, in bewusster Abgrenzung zur Aufklärung, als Ursache allen Übels brandmarkt.[2]

Das spiegelt sich auch in der *Judenbuche*: Grundlegend für den Text ist eine tiefe Verwurzelung im Christentum, was sich bereits im Eingangsgedicht zeigt, das einen Mahnruf an den Leser formuliert, der auf die Begegnung Jesu mit der Ehebrecherin im Johannesevangelium verweist: »Wer unter euch ohne Sünde ist, der werfe den ersten Stein auf sie« (Joh. 8,7). Diese neutestamentliche Botschaft der Barmherzigkeit soll die Brille sein, durch die der Leser Friedrich Mergel betrachten möge. Dessen Lebenslauf kann als »exemplarischer Sündenweg«[3] des Menschen gedeutet werden. Vorbelastet durch Vererbung und Milieu, verfällt Friedrich der Todsünde des Hochmuts; der verletzte Stolz kann dann als Ursache für die Morde gelten. Ein Dreh- und Angelpunkt der Geschichte ist der Moment nach dem Mord an Brandis, als Friedrich zur Beichte gehen will, was vom Onkel (in dieser Deutung das personifizierte Böse) verhindert wird. Damit ist die Chance auf Umkehr verwirkt, Friedrich spürt fortan auch keine Reue mehr. Als er als alter Mann an Weihnachten (!) zurückkehrt, ist es ihm auch nicht mehr möglich in den weihnachtlichen Gesang einzufallen; als er dies versucht, »ward nur ein lautes Schluchzen daraus« (S. 48). Sein Selbstmord ist dann zwar eine Sühne des Verbrechens, die den jüdischen Spruch auf der Buche erfüllt, im christlichen Sinn aber gleichzeitig eine Sünde.

Es geht hier um Dialektik von Sündenangst und Gnadenhoffnung – »[d]as aber impliziert [...] eine Höherstellung christlichen Denkens gegenüber jüdischem«[4]. Bei der Frage, inwieweit es sich bei der *Judenbuche* um einen antisemitischen Text handle, wird gerne darauf verwiesen, dass die Darstellung der Juden ein »kritisch-distanzierte[s] Vorführen antisemitischer Diskurselemente«[5] und damit Teil der realistischen Milieustudie der Droste sei. Bereits der neunjährige Friedrich wächst etwa mit der Meinung der Mutter auf, dass die Juden »alle Schelme« (S. 10) seien. Auch auf der Hochzeitsgesellschaft, auf der Aaron von Friedrich sein Geld zurückverlangt, womit er ihn vor allen Gästen kompromittiert, zeigen später einige Gäste ihren Antisemitismus, indem sie Aaron nachrufen: »Packt den Juden! Wiegt ihn gegen ein Schwein!« (S. 39) Als sich nach dem Mord ein Glaubensgenosse Aarons für die Aufklärung des Verbrechens einsetzt, heißt es, er werde »gemeinhin der Wucherjoel« (S. 45) genannt. Im Kontrast zu der untröstlichen Mutter Margreth wird Aarons Witwe respektlos als »die Judenfrau« (S. 46) bezeichnet, die sich schnell getröstet und einen anderen Mann genommen habe. Selbst der achtbare Gutsherr sagt über den »Lumpenmoises« (S. 47), als er über dessen Geständnis am Mord an Aaron spricht, »der Hund von einem Juden« habe sich »an seinem Strumpfband erhängt« (ebd.).

Mecklenburg stellt jedoch überzeugend dar, dass bei Droste-Hülshoff »in die Gestalt ihres Erzählens selbst antisemitische Vorurteile eingegangen sind.«[6] Zwar enthalten »die mitlaufenden christlichen Elemente nicht alle einen gezielt antisemitischen Akzent. Weder das Christuswort, auf das der Vorspruch anspielt, noch die unausgesprochene, aber strukturbildende christliche Antithese zum alttestamentarischen ›Rachegott‹ wird gezielt antijüdisch herausgestellt. Umso sorgfältiger und behutsamer muss man solchen antisemitischen Effekten nachspüren, die sich nichtintentional [...] als Begleiterscheinung [...] ergeben.«[7]

1 Ronald Schneider, *Annette von Droste-Hülshoff*, Stuttgart/Weimar [2]1995, S. 17.
2 Vgl. ebd., S. 18.
3 Bernd Völkl, *Lektüreschlüssel XL: Annette von Droste-Hülshoff, »Die Judenbuche«*, Stuttgart 2018, S. 61.
4 Norbert Mecklenburg, *Der Fall Judenbuche. Revision eines Fehlurteils*, Bielefeld 2008, S. 115.
5 Ebd., S. 113.
6 Ebd.
7 Ebd., S. 114.

Unterrichtsverlauf

Überblick. Die Schülerinnen und Schüler werden sich bewusst, dass sich im Text bestimmte weltanschauliche bzw. religiöse Grundhaltungen und Tendenzen manifestieren. Sie informieren sich zu den Hintergründen christlicher Riten und Bräuche sowie der Wahrnehmung jüdischer Mitbürger und deren Religion Ende des 18. Jahrhunderts – Kenntnisse, die beim zeitgenössischen Leser des 19. Jahrhunderts vorausgesetzt werden konnten. Auf dieser Basis schätzen sie die Haltung des Erzählers zu diesen Inhalten ein. **! Verkürzter Verlauf: 7.1 – 7.2 – 7.4 – 7.5**

Phase	Thema	Sozialform	Kompetenzen/Lernziele	Materialien
Voraussetzungen: Kenntnis des Gesamttextes				
7.1	Einstieg: Die Frage nach der Erzählhaltung aufwerfen	UG	• Bereitschaft, sich mit der Erzählhaltung auseinanderzusetzen, entwickeln	ARBEITSBLATT 7a ➤ S. 44
7.2	Textarbeit: Den Text auf Aussagen zu christlichen und jüdischen Inhalten hin untersuchen	PA	• Christliche und jüdische Inhaltsaspekte im Text identifizieren	ARBEITSBLATT 7a ➤ S. 44
7.3 **fakultativ**	Erarbeitung 1: Hintergründe zu den dargestellten Inhalten zu Christen und Juden recherchieren	GA	• Mit Hilfe externer Informationen Einblicke in die dargestellten Aussagen zu Christen und Juden gewinnen	ARBEITSBLATT 7a ➤ S. 44 ARBEITSBLATT 7b ➤ S. 45 f. ARBEITSBLATT 7c ➤ S. 47 f.
7.4	Erarbeitung 2: Die Haltung des Erzählers kritisch diskutieren	GA	• Die Erzählhaltung in Frage stellen	ARBEITSBLATT 7a ➤ S. 44
7.5	Sicherung: Erschließung der Erzählhaltung	UG	• Die Erzählhaltung einschätzen	
7.6 **fakultativ**	Erweiterung: Persönliche Meinungen ins Gespräch bringen	UG	• Einen persönlichen (toleranten und zeitgemäßen) Standpunkt ausmachen	

7.1 Einstieg: Die Frage nach der Erzählhaltung aufwerfen

Unterrichtsschritt. Als Impuls beginnt die Lehrkraft mit dem Hinweis von ARBEITSBLATT 7a ***Cold-Cases-Team. Auswertung: Wie voreingenommen ist Zeuge N.?***: »Für viele Tataspekte spielen christliche und (anti)jüdische Überzeugungen eine Rolle. Es ist zu klären, ob der berichtende Zeuge N. (der Narrator), selbst voreingenommen ist oder nur sachlich wiedergibt, was andere denken.« Als Zielangabe dient die Überschrift: »Wie voreingenommen ist Zeuge N.?« Eine spontane Aussprache wäre an dieser Stelle möglich.

UG

ARBEITSBLATT 7a ➤ S. 44

Erläuterungen. Durch das Konstrukt des »Zeugen N.« ermitteln die Schülerinnen und Schüler nicht die Einstellungen der Autorin, sondern bleiben auf der textimmanenten Ebene. Es geht um das kritisch-distanzierte Vorführen von Diskurselementen im Unterschied zu tieferliegenden, im Text manifesten, ideologischen Strukturen, die kritisch hinterfragt werden müssen.

PA

ARBEITSBLATT 7a ➤ S. 44

7.2 Textarbeit: Den Text auf Aussagen zu christlichen und jüdischen Inhalten hin untersuchen

Unterrichtsschritt. Die Schülerinnen und Schüler suchen in Partnerarbeit auf den angegebenen Seiten in der Erzählung »Christliches« und »Jüdisches« und fassen es auf ARBEITSBLATT 7a kurz zusammen (Arbeitsauftrag 1).

Erläuterungen. Folgende Angaben lassen sich dem Text entnehmen:

Christliches: **1** (S. 3): Bibelzitat »Lass ruhn den Stein – er trifft dein eignes Haupt!«; **2** (S. 9): Beten des Rosenkranzes, Angst vor dem Teufel; **3** (S. 33): evtl. Hinweis auf Fest Mariä Himmelfahrt, Gang zur Beichte (verworfen); **4** (S. 48): Mitternacht des Weihnachtsfestes.

Jüdisches: **A** (S. 10): Mutter: »Juden sind alle Schelme«; **B** (S. 39): auf der Hochzeit: »Packt den Juden! Wiegt ihn gegen ein Schwein!«; **C** (S. 45): der »Wucherjoel«; **D** (S. 47): Gutsherr: »der Hund von einem Juden hat sich an einem Strumpfband erhängt«.

7.3 Erarbeitung 1: Hintergründe zu den dargestellten Inhalten zu Christen und Juden recherchieren (fakultativ)

GA

ARBEITSBLATT 7a
➤ S. 44
ARBEITSBLATT 7b
➤ S. 45 f.
ARBEITSBLATT 7c
➤ S. 47 f.

Unterrichtsschritt. Die Schülerinnen und Schüler lesen in arbeitsteiliger Gruppenarbeit je einen Abschnitt von ARBEITSBLATT 7b ***Informationen zu Textstellen zu christlichen Inhalten*** (Textstellen 1–4) und ARBEITSBLATT 7c ***Informationen zu Textstellen zum Thema Juden*** (Textstellen A–D, Inhalte zum Antisemitismus). Sie informieren sich in der Gruppe gegenseitig und tauschen sich darüber aus (ARBEITSBLATT 7a, Arbeitsauftrag 2).

Erläuterungen. Man könnte diese Inhalte auch im Religionsunterricht und im Geschichtsunterricht vertieft erarbeiten. Falls ein fächerübergreifendes Arbeiten möglich ist, kann man Unterrichtsschritt 7.3 entfallen lassen.

7.4 Erarbeitung 2: Die Haltung des Erzählers kritisch diskutieren

GA

Unterrichtsschritt. Die Lernenden diskutieren in den Gruppen, wie »N.«, der Narrator, selbst zu den Berichten steht (ARBEITSBLATT 7a, Arbeitsauftrag 3).

ARBEITSBLATT 7a
➤ S. 44

7.5 Sicherung: Erschließung der Erzählhaltung

UG

Unterrichtsschritt. Im Klassenverband werden die Ergebnisse aus den Gruppendiskussionen zusammengetragen.

Erläuterungen. Da die Erzählhaltung in der Fachliteratur durchaus kontrovers besprochen wird (vgl. Sachanalyse), ist es nicht zwingend notwendig, dass sich die Klasse auf ein gemeinsames Ergebnis festlegt. Verständigen kann man sich ggf. auf Aussagen, wie »N. steht dem christlichen Glauben positiv gegenüber« / »N. scheint die voreingenommene Haltung gegenüber den Juden, die er schildert, zu teilen«.

Leitfragen:
- Welche Aspekte des Christentums scheinen dem Zeugen N. wichtig zu sein?
- Ist Zeuge N. selbst Christ?
- Wie stehen die Personen, über die er erzählt, zum Christentum? Kann man hier Tendenzen erkennen (sind etwa alle »guten« Menschen auch gute Christen)?
- Gibt Zeuge N. die Vorurteile gegenüber den Juden nur wieder, weil er sie von anderen so hört?
- Äußert sich Zeuge N. persönlich negativ über Juden?
- Teilt Zeuge N. die negative Meinung der anderen über Juden, gleichgültig, ob er sich dazu äußert oder nicht?

7.6 Erweiterung: Persönliche Meinungen ins Gespräch bringen (fakultativ)

UG

Unterrichtsschritt. Die Schülerinnen und Schüler können aus ihrer persönlichen Sicht formulieren, was sie von der Darstellung der Christen und Juden – auch aus heutiger Perspektive – halten. Für starke Schülerinnen und Schüler wäre auch ein schriftliches Statement gut denkbar. Die Lehrkraft bezieht ggf. eindeutig Stellung.

Erläuterungen. Das Thema ist sensibel. Es kann rein literarisch/historisch nur behandelt werden, solange die Schülerinnen und Schüler dies zulassen. Sollte das so sein, besteht trotzdem die Möglichkeit (und Chance), die Thematik aus aktuellem Gesichtswinkel zu betrachten. Sollten sich aber Jugendliche angeregt fühlen, eine der beiden Religionen und deren Anhänger zu verunglimpfen, hat die Lehrperson die Pflicht, darauf einzugehen und klar Stellung zu beziehen. In welchem Ausmaß dies geschieht, hängt an der konkreten Situation und wird unter Umständen auch einen längeren Zeitraum und/oder der Kooperation mehrerer Lehrkräfte in der Klasse bedürfen.

Hilfreich können folgende didaktische und methodische Empfehlungen sein:
- www.bs-anne-frank.de/fileadmin/user_upload/Slider/Publikationen/Broschuere_Weltbild_Antisemitismus.pdf
- www.lpb-bw.de/995.html?backPID=993&&tt_products[product]=3208

ARBEITSBLATT 7a

Cold-Cases-Team

Auswertung: Wie voreingenommen ist Zeuge N.?

Für viele Tataspekte spielen christliche und (anti)jüdische Überzeugungen eine Rolle. Es ist zu klären, ob der berichtende Zeuge N. (der Narrator) selbst voreingenommen ist oder nur sachlich wiedergibt, was andere denken.

Christliches	Jüdisches

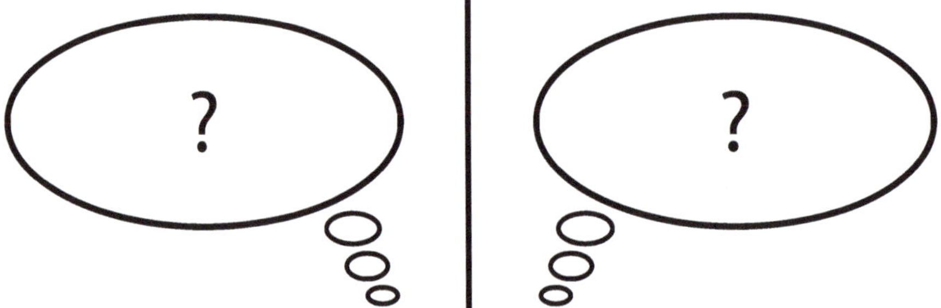

Christliches	Jüdisches
1, S. 3	**A**, S. 10
2, S. 9	**B**, S. 39
3, S. 33	**C**, S. 45
4, S. 48	**D**, S. 47

Der Narrator

Arbeitsaufträge:

1. Sucht auf den angegebenen Seiten Inhalte zur jeweiligen Religion und fasst sie in den Sprechblasen zusammen.
2. Informiert euch zu den Hintergründen (ARBEITSBLATT 7b und ARBEITSBLATT 7c) und tauscht euch dazu aus.
3. Diskutiert: Wie steht N. selbst zu dem Berichteten?

Informationen zu Textstellen zu christlichen Inhalten

1 (S. 3)

Auszug aus der Bibel: Jesus und die Ehebrecherin (Neues Testament, Johannes 8,2–11)

»[2]Und frühmorgens kam er wieder in den Tempel, und alles Volk kam zu ihm; und er setzte sich und lehrte sie. [3]Aber die Schriftgelehrten und Pharisäer brachten ein Weib zu ihm, im Ehebruch ergriffen, und stellten sie in die Mitte dar [4]und sprachen zu ihm: Meister, dies Weib ist ergriffen auf frischer Tat im Ehebruch. [5]Mose aber hat uns im Gesetz geboten, solche zu steinigen; was sagst du? [6]Das sprachen sie aber, ihn zu versuchen, auf daß sie eine Sache wider ihn hätten. Aber Jesus bückte sich nieder und schrieb mit dem Finger auf die Erde. [7]Als sie nun anhielten, ihn zu fragen, richtete er sich auf und sprach zu ihnen: Wer unter euch ohne Sünde ist, der werfe den ersten Stein auf sie. [8]Und bückte sich wieder nieder und schrieb auf die Erde. [9]Da sie aber das hörten, gingen sie hinaus (von ihrem Gewissen überführt), einer nach dem andern, von den Ältesten an bis zu den Geringsten; und Jesus ward gelassen allein und das Weib in der Mitte stehend. [10]Jesus aber richtete sich auf; und da er niemand sah denn das Weib, sprach er zu ihr: Weib, wo sind sie, deine Verkläger? Hat dich niemand verdammt? [11]Sie aber sprach: Herr, niemand. Jesus aber sprach: So verdamme ich dich auch nicht; gehe hin und sündige hinfort nicht mehr!«

www.die-bibel.de/bibeln/online-bibeln/lesen/LU12/JHN.8/Johannes-8 (Stand: 18. 1. 2021).

2 (S. 9)

(1) Das Rosenkranzgebet

»Der Rosenkranz besteht aus einem Kreuz und 59 Perlen. 55 davon – 50 kleinere und fünf größere – bilden eine zusammenhängende Kette. Eine der größeren Perlen dient als Verbindungsglied zu einer weiteren Kette mit drei kleineren Perlen, einer größeren und einem Kreuz. Das Kreuz erinnert an Jesu Liebe zu uns und an seinen Kreuzestod. […] Das Perlengebet gibt Kraft für den Alltag, Trost in Krankheit, Trauer und Leid. Es ist uralt, geht bis zu den Anfängen des Christentums zurück. Die Perlenkette ist ein Hilfsmittel beim Beten. Die Betenden lassen sie durch die Finger gleiten. Dies erinnert auch an die Gebetsketten und -schnüre anderer Religionen. Der Name Rosenkranz passt zur Mutter Gottes. Über sie gibt es viele Blumenlegenden. Und im Adventlied ›Maria durch ein Dornwald ging‹ werden Rosen besungen.«

www.katholisch.de/artikel/41-das-rosenkranzgebet (Stand: 18. 1. 2021).

(2) Der Teufel

»Der Teufel wird in der Bibel als Gegenspieler Gottes dargestellt. Sein Ziel ist es, die Menschen und Gottes Schöpfung zu zerstören. Ein anderes Wort für Teufel ist ›Satan‹. Das kommt aus dem Hebräischen und bedeutet ursprünglich ›Feind‹. Es meint jemanden, der sich gegen jemand anderen stellt und ihn an seinem Tun hindern will (1 Kön 11,14.23.25). Das griechische Wort für Teufel ist diabolos, was von dem Verb ›durcheinanderbringen‹ kommt. Es kommt neben ›Satan‹ häufig im Neuen Testament vor. Der Teufel will Gott am Aufrichten seines Reiches hindern. Er begegnet Jesus zum Beispiel als Versucher (Mt 4,1–11) und als Feind (Offb 12,9). Jesus treibt viele Dämonen aus, die als Diener des Teufels gesehen wurden (Mk 5,1–20; Mt 8,16). Im Johannesevangelium ist der Teufel derjenige, der die Welt beherrscht (Joh 12,31 […]), aber schlussendlich von Gott überwunden und besiegt wird. Der Glaube an den Teufel bestimmte die ersten Jahrhunderte nach Christus und war vor allem im Mittelalter sehr stark. Heute glauben die meisten Christinnen und Christen nicht mehr, dass es einen sichtbaren und körperlich erfahrbaren Teufel gibt. Allerdings gibt es nach wie vor Böses in der Welt.«

www.ekd.de/Teufel-11270.htm (Stand: 18.1.2021).

3 (S. 33)

Die Beichte

Die Beichte (lat. *confessio*; Bußsakrament, auch Amt der Schlüssel) ist ein Sündenbekenntnis vor einem ordinierten kirchlichen Amtsträger, so in der römisch-katholischen Kirche vor einem Priester. Sie ist das Eingeständnis einer schuldhaften Verfehlung […], gewöhnlich während eines Gesprächs unter vier Augen mit einem Beichtvater, der sogenannten Ohren-, Einzel- oder Privatbeichte. In der römisch-katholischen Kirche […] ist die Beichte eines der sieben Sakramente. […] Alle getauften Gläubigen sind zur häufigen Beichte eingeladen, vor allem in den Bußzeiten der Kirche und vor den hohen Festtagen. Darüber hinaus sind diejenigen, die sich einer schweren Schuld bewusst sind, zum Empfang des Bußsakraments verpflichtet. Wer sich bewusst ist, eine Todsünde begangen zu haben, darf selbst dann, wenn er tiefe Reue empfindet, die heilige Kommunion nicht empfangen, bevor er die sakramentale Absolution erhalten hat. Jeder Gläubige, der das Unterscheidungsalter erreicht hat, ist verpflichtet, wenigstens einmal im Jahr seine schweren Sünden zu bekennen […]. Den Gläubigen wird empfohlen, auch ihre übrigen (›lässlichen‹) Sünden zu beichten.«

de.wikipedia.org/wiki/Beichte (Stand: 18.1.2021). –

4 (S. 48)

Weihnachten

»Das Weihnachtsfest beginnt mit einem feierlichen Vespergottesdienst (›vesper‹, lateinisch = Abend) am Heiligen Abend. Im Mittelpunkt steht die Weihnachtserzählung von der Geburt Jesu, des Heilands der Welt (Lukas 2). Mit seiner Lichtsymbolik, den Worten der Propheten und bekannten Liedern ist die Christvesper für viele Menschen der Gottesdienst im Jahresverlauf schlechthin. Im Mittelpunkt steht die bekannte Weihnachtserzählung aus dem Lukasevangelium (Kapitel 2): ›Es begab sich aber zu der Zeit, dass ein Gebot von dem Kaiser Augustus ausging …‹. Die Weissagungen der Propheten aus dem Alten Testament (Micha 5,1–3; Jesaja 9, 1–6, Jesaja 11,1–2), aber auch die altbekannten Lieder geben der Menschwerdung Gottes im Kind der Krippe einen vertrauten und festlichen Rahmen. Christmette ist eine eher katholische Bezeichnung für den mitternächtlichen Gottesdienst in der Weihnachtsnacht. Nächtliche Gottesdienste verdeutlichen in besonders intensiver Weise die symbolische Rede von Christus als dem ›Licht der Welt‹. Die Feier von nächtlichen Gottesdiensten symbolisiert in besonderer Weise, dass Gott sich im Kind der Krippe als das Licht in der Dunkelheit der Welt zeigt. Die Hirten der Weihnachtserzählung (Lukas 2) wachten des Nachts über ihre Herde. Das Symbol der Nachtwache erinnert an die Wachsamkeit als eine Tugend der Christen.«

www.ekd.de/weihnachten-52034.htm (Stand: 10.10.2020).

Informationen zu Textstellen zum Thema Juden

A (S. 10)

Vorurteile gegen Juden – die Entwicklung des Antisemitismus

»Wenn ein Kind vermisst wurde oder der Brunnen vergiftet war, wenn eine Seuche umging oder die Ernte ausfiel – wem gab man im Mittelalter die Schuld? Den Juden. Wenn es in der Weltwirtschaft kriselte und die Arbeitslosigkeit stieg, wenn sich Kapitalisten bereicherten oder Kommunisten revoltierten – wem schob man es in der Neuzeit in die Schuhe? Den Juden. Seit sie sich nach der Zerstörung von Jerusalem durch die Römer im Jahr 70 n. Chr. in alle Winde zerstreuten, wurde den Juden fast überall, wo sie sich niederließen, mit Verachtung, Ausgrenzung und Verfolgung begegnet. Die auf Aberglaube und Vorurteile gründende Feindseligkeit gegen die Juden nennt man Antisemitismus.

Das Wort Antisemitismus wurde 1879 von einem deutschen Journalisten geprägt, der damit seine gegen die Juden gerichteten Hetzschriften ›wissenschaftlich‹ zu untermauern versuchte. Die Wortbedeutung ist eigentlich ungenau, denn Semiten sind Angehörige einer Sprachgruppe, der neben den Juden auch Araber und viele Afrikaner, wie z. B. Äthiopier, angehören. Der Antisemitismus richtet sich aber ausschließlich gegen Juden. Er behauptet, dass es so etwas wie eine jüdische ›Menschenrasse‹ gibt. Sein Hass richtet sich gegen alle Angehörigen dieser vermeintlichen ›Rasse‹, unabhängig davon, ob sie den jüdischen Glauben praktizieren oder nicht.«

Roland Detsch, »Antisemitismus«, in: www.cpw-online.de/kids/antisemitismus.htm (Stand: 18. 1. 2021).

B (S. 39)

Das Verhältnis Christen – Juden

»Die katholische Kirche ist bereits in der Antike gegen Juden vorgegangen. Sie trachtete ungefähr ab dem Jahr 300 vergeblich danach, die Juden zu bekehren, da sie deren religiöse Sonderstellung nicht hinnehmen wollte. Die Päpste hetzten gegen die Juden und brandmarkten sie als Mörder von Jesus Christus – ein ebenso abwegiger wie aberwitziger Vorwurf, da Jesus ja selbst jüdischer Herkunft war. Der Hass, den die Päpste säten, fiel beim Volk jedoch auf fruchtbaren Boden. In der Folge wurden die Juden ausgegrenzt und als Sündenböcke missbraucht.

Die Juden, die bevorzugt in den Städten lebten, waren seit jeher tüchtige Fernhändler und daher oft recht wohlhabend. So gesellte sich bei ihren christlichen Mitbürgern zur religiösen Ablehnung auch noch der Neid. Wo immer es ging, machte man den Juden das Leben schwer. Christliche Kaufleute drängten sie aus dem Geschäftsleben, die Handwerkszünfte verweigerten ihnen die Aufnahme, Ämter durften sie nicht bekleiden und Grund und Boden nicht erwerben.«

Roland Detsch, »Antisemitismus«, in: www.cpw-online.de/kids/antisemitismus.htm (Stand: 18. 1. 2021).

C (S. 45)

Juden als Geldverleiher

»Das von Papst Alexander III. 1179 zugestandene Recht, dass Juden gegen Zinsen Geld leihen dürften (›Wucher‹), wurde 1215 bestätigt, als Innozenz III. ein an die Christen gerichtetes Verbot der Zinsnahme erließ, das als ›Kanonisches Zinsverbot‹ bekannt geworden ist. Allein die Tatsache, dass die

Juden Zinsen nahmen – in welcher Höhe auch immer –, machte sie allseits höchst unbeliebt. Somit hat keine Maßnahme, kein Gesetz die Juden in Europa so sehr in ihrem sozialen Status beeinflusst und geprägt wie das immer wieder neu verkündete, neu formulierte ›Zinsverbot‹, welches seinen Ursprung im Alten Testament hatte.

Nicht nur die Bauern, auch die Bürger in den Städten lehnten die Zinsnahme als unsittlich ab. Sie nahmen für ihre Produkte feste Preise, die ihnen den Lebensunterhalt sicherten, und standen dem Zuerwerbsdenken fremd gegenüber. Da andererseits die mittelalterliche Sozialordnung nicht bereit war, Juden in Zünfte, Gilden und Korporationen aufzunehmen, blieb den Juden nur der Handel mit Trödel und verfallenen Pfändern, der ihnen wiederum den Vorwurf der gemeinsamen Sache mit Dieben und Mördern eintrug.«

Michael Höhme [u.a.], »Kanonisches Zinsverbot«, in: www.judentum-projekt.de/geschichte/mittelalter/zins (Stand: 18.1.2021).

D (S. 47)

Juden im 18. und 19. Jahrhundert

»Für die Juden in Deutschland brach in dieser Zeit eine schwere Identitätskrise aus. Einerseits wurden sie in dem Staat geduldet und hatten (einige) Rechte, andererseits waren sie Verfolgungen und Anfeindungen ausgesetzt. Diese Entwicklung nahm auch in anderen Staaten ihren Lauf. Die jüdische Bevölkerung spaltete sich nun in 2 Teile: die einen versuchten sich anzupassen, indem sie den Gesetzen Genüge taten; die anderen bekämpften die Unterdrückung, indem sie sich dagegen wehrten.

Der Grundstein im schweren Kampf um Gleichberechtigung wurde in der Französischen Revolution 1789 gelegt. Die Schlagworte ›Freiheit, Gleichheit, Brüderlichkeit‹ galten hier erstmals auch für die Juden. Am 28.09.1791 sprach man den Juden erneut Rechte zu, unter der Voraussetzung, dass die Juden sich sofort in die christliche Gesellschaft eingliedern. Sie waren somit französische Staatsbürger und galten nun nur noch als Glaubensgemeinschaft. Einen ähnlichen Verlauf nahm die Emanzipation auch in Deutschland. Die Schlagworte der Französischen Revolution ›Freiheit, Gleichheit, Brüderlichkeit‹ wurden zum ersten Mal auch auf die Juden angewandt nach dem Siegeszug der französischen Armeen unter Napoleon durch Preußen. Erst aufgrund der Besetzung wurden die Juden den Bürgern gleichgestellt.

Die Emanzipation der Juden ging in Deutschland nur sehr langsam vor sich. 1781 veröffentlichte Christian Wilhelm Dohm, Kriegsrat im Departement für auswärtige Angelegenheiten in Berlin, das Werk ›Über die bürgerliche Verbesserung der Juden‹. Darin ruft er die Juden dazu auf, nützlichere Glieder für den Staat und die Gesellschaft zu werden. Dadurch würden sie selbst glücklicher und somit keinen Anfeindungen mehr ausgesetzt.«

Michael Höhme [u.a.], »Aufstieg und Krise im 18./19. Jh.«, in: www.judentum-projekt.de/geschichte/neuzeit/aufstieg/index.html (Stand 18.1.2021).

8 Historische Grundlagen der *Judenbuche* verorten

Sachanalyse

Annette von Droste-Hülshoff kommt im Alter von acht Jahren zum ersten Mal in das Herrenhaus Bökerhof in Bökendorf bei Brakel in Ostwestfalen, um ihre Großeltern, das heißt, den leiblichen Großvater und seine zweite Frau, zu besuchen. Dieser, Werner Adolph von Haxthausen, heiratete nach dem frühen Tod seiner ersten Frau 1773 Maria Anna von Wendt zu Papenhausen und hat mit ihr (neben der Tochter aus erster Ehe) 14 weitere Kinder, die sogenannte »große Generation« der Familie.

Caspar Moritz von Haxthausen, der Erbauer des Bökerhofs und Großvater der »großen Generation«, war Drost des fürstbischöflichen Amtes Lichtenau im heutigen Kreis Paderborn und damit für die Gerichtsbarkeit zuständig. Der Sohn Werner Adolph übernimmt dieses Amt von ihm. 1783 ist nominell noch der fast achtzigjährige Caspar Moritz, faktisch aber vermutlich schon dessen Sohn, für die gerichtliche Untersuchung eines Mordes an einem Juden verantwortlich. Dem mutmaßlichen Mörder, Hermann Winckelhans, gelingt die Flucht. Fünf Jahre nach der Flucht meldet er sich per Brief beim Fürstbischof, mit der Bitte um Auslöse aus der türkischen Sklaverei. Erst ca. 20 Jahre später, im April 1807, taucht der Flüchtige wieder in seiner Heimat auf. Die jüdische Gemeinde hat wohl tatsächlich *in memoriam* an das Mordopfer Soistmann Berend hebräische Schriftzeichen mit einer Verwünschungsformel gegen den Mörder in einen Baum am Tatort geritzt. An diesem Baum erhängt sich schließlich Hermann Winckelhans. Es ist davon auszugehen, dass der Großvater den Enkeln immer wieder die Geschichte des Mörders mit ihren schicksalhaften Wendungen erzählt hatte.

Seit etwa 1809 bildet sich, vor allem um zwei Onkel von Annette von Droste-Hülshoff, Werner und August von Haxthausen, der sogenannte »Bökendorfer Kreis«. Diesem schließen sich auch einige ihrer Schwestern und weitere literarisch ambitionierte junge Leute an, darunter so bekannte Namen, wie die Gebrüder Grimm, der Maler Ludwig Emil Grimm, die Dichter Heinrich Straube, August von Arnswald, August Heinrich Hoffmann von Fallersleben und Luise Hensel. Man beschäftigt sich viel mit Literatur, beteiligt sich auch an der Sammlung von Märchen, Sagen und literarischem Volksgut.

In diesem Kontext veröffentlicht August von Haxthausen 1818 in der Zeitschrift *Wünschelruthe* einen Bericht, den er die »Geschichte eines Algierer-Sklaven« betitelt und mit der Anmerkung versieht: »Die hier niedergeschriebene Geschichte ist wörtlich wahr«.[1] Horst-Dieter Krus geht in seiner Schrift *Mordsache Soistmann Berend*[2] dem historischen Hintergrund der *Judenbuche* fundiert nach. Er trennt bei dieser Recherche sehr genau, es gehe um das »Ziel, die historische Wirklichkeit h i n t e r der *Judenbuche* [sic!] zu ermitteln. [...] Eine sachgerechte Lösung der gestellten Aufgabe ist nur bei einer strengen Trennung von literarischer Bearbeitung und der Aussage der historischen Quellen möglich!«[3] Haxthausens Bericht zählt er zu den historischen Quellen, rät aber zur Vorsicht, da der Autor acht Jahre nach dem Mord an Soistmann Berend geboren wurde, bei dessen Rückkehr aus der Sklaverei 14 Jahre alt war und erst zwölf Jahre später den Text veröffentlichte. Zudem sei davon auszugehen, dass dieser Text poetisch überformt worden sei, passend zum literarisch orientierten »Zeitblatt« *Wünschelruthe*. Trotz dieser Einschränkungen ist der Text eine interessante schriftliche Grundlage für die Inspiration zur *Judenbuche*, die der historische Mordfall für die Droste sicher darstellte, auch wenn sie »das Grundmuster des realen Geschehens übernommen, aber im Detail fast alles verändert hat.«[4]

Wie die Forschung von Krus zeigt, kann man hier weitreichend recherchieren, auch weitere Aspekte, wie ein historisch verbürgter Streit um Holzrechte 1827 in Bökendorf, könnten in den Blick genommen werden. Für einen ersten exemplarischen Zugang ist aber der Haxthausen-Text gut geeignet.

1 August Franz von Haxthausen, *Geschichte eines Algierer-Sklaven.* In: *Wünschelruthe. Ein Zeitblatt*, hrsg. von Heinrich Straube und Johann Peter von Hornthal (1818), H. 11, S. 41.

2 Horst-Dieter Krus, *Mordsache Soistmann Berend. Zum historischen Hintergrund der Novelle »Die Judenbuche« von Annette von Droste-Hülshoff*, Höxter ^{2}1997.

3 Ebd. S. 8.

4 Bernd Völkl, *Lektüreschlüssel XL: Annette von Droste-Hülshoff, »Die Judenbuche«*, Stuttgart 2018, S. 47.

Unterrichtsverlauf

Überblick. Die Schülerinnen und Schüler erfahren, dass es für die fiktive Erzählung der *Judenbuche* eine reale Vorlage gab. Sie setzen sich mit dieser auseinander und erwägen, inwiefern sie inspirierend für die Dichterin sein konnte. Im Anschluss nehmen sie – parallel dazu – den Kriminalfall *Judenbuche* als Vorlage für ein eigenes, kreatives Weiterschreiben aus heutiger Sicht auf. ! **Verkürzter Verlauf: 8.1 – 8.2 – 8.3 – 8.5**

Phase	Thema	Sozialform	Kompetenzen/Lernziele	Materialien
Voraussetzungen: Kenntnis des Gesamttextes				
8.1	Einstieg: Fragestellung: Wie kommt die Autorin Annette von Droste-Hülshoff darauf, die Geschichte der *Judenbuche* aufzuschreiben?	UG	• Erste Gedanken zur Fragestellung erörtern	VORLAGE 8 ➤ S. 51
8.2	Erarbeitung: Die »Geschichte eines Algierer-Sklaven« kennenlernen	EA	• Text in Originalfassung lesen und Inhalt erfassen	ARBEITSBLATT 8a ➤ S. 53 ff.
8.3	Vertiefung: Über den Text aus Sicht der Autorin ins Gespräch kommen	GA	• Aus zeitgenössischen Standpunkten Fragen zum Text kritisch behandeln	ARBEITSBLATT 8b ➤ S. 58
*8.4 fakultativ	Sicherung: Sich in die Gesprächssituation spielend einfühlen	UG	• Die fiktiven Gesprächssituationen wahrnehmen und hinterfragen	
8.5	Erweiterung/Hausaufgabe: Den »Cold Case *Judenbuche*« erneut aufrollen	EA / GA	• Kreativ am Text weiterschreiben	ARBEITSBLATT 8c ➤ S. 59

8.1 Einstieg: Fragestellung: Wie kommt die Autorin Annette von Droste-Hülshoff darauf, die Geschichte der *Judenbuche* aufzuschreiben?

UG

VORLAGE 8
➤ S. 51

Unterrichtsschritt. Im lehrerzentrierten Unterrichtsgespräch wird die Frage nach den Quellen der Erzählung aufgeworfen. Mit einem Vortrag informiert die Lehrperson die Klasse über die Familienerzählung des Großvaters Haxthausen in Bökendorf und August von Haxthausens Niederschrift des Geschehens. Als Illustration dienen die Bilder der VORLAGE 8 ***Annette von Droste-Hülshoff in Bökendorf***.

8.2 Erarbeitung: Die »Geschichte eines Algierer-Sklaven« kennenlernen

EA

ARBEITSBLATT 8a
➤ S. 53 ff.
Internetzugang

Unterrichtsschritt. Die Schülerinnen und Schüler lesen in Eigenarbeit den Text ARBEITSBLATT 8a ***Geschichte eines Algierer-Sklaven***. Sie tauschen sich über unbekannte Begriffe und Verständnisschwierigkeiten aus. Falls möglich, können sie diese mittels Internetrecherche zu lösen versuchen.

Erläuterung zur Differenzierung: In der Ausgabe der *Judenbuche*, Reclam XL, S. 71–78, ist eine um den Mittelteil gekürzte Fassung mit Worterläuterungen abgedruckt, die gegebenenfalls weniger leistungsstarken Schülerinnen und Schülern an die Hand gegeben werden kann.

VORLAGE 8

Annette von Droste-Hülshoff in Bökendorf

Schloss Bökerhof. – Foto: Bildarchiv Heimatverein Bökendorf e. V. / CC BY-SA 2.0

Annette von Droste-Hülshoff, Gemälde von Johann Joseph Sprick, 1838

Wünschelruthe.

Ein Zeitblatt.

No. 11. den 5. Februar 1818.

Die drei besten Dinge in diesem Leben sind Gottes Huld, Gewissens Unschuld, Mannes Geduld.

Geschichte eines Algierer-Sklaven *).

Von A. Freiherrn Haxthausen.

Der Bauernvogt von Ovenhausen hatte im Herbst 1782. einen Knecht Hermann Winkelhannes, mit dem er, weil es ein tüchtiger frischer Bursche, wohl zufrieden war. Dieser hatte bei dem Schutzjuden Pinnes in Vörden Tuch zum Foerhemd (Camisol) ausgenommen, und als er wohl schon einige Zeit damit umhergegangen und der Jude ihn nun an die Bezahlung mahnt, so läugnet er, verdrießlich, das schon etwas abgetragene, und auch nicht einmal gut ausgefallene Tuch noch theuer bezahlen zu müssen, jenem keck ab, so hoch mit ihm übereingekommen zu seyn, vielmehr habe er die Elle zwei gute Groschen wohlfeiler accordirt, und nach manchem Hin- und Herreden sagt er zulezt: "du verflogte Schinnerteven von Jauden, du must mi man bedreigen, eh ek di den halven Daler in den Rachen smite, weil ek mi leiver den kleinen Finger med den Tännen afbiten, un wann de mi noch mal kümmst, so schla ik di de Jacken so vull, dat du de Dage dines Levens an mi gedenken sast." Dem Juden bleibt also nichts anders übrig, als ihn beim H . . schen Gericht, der Gutsherrschaft Hermanns, zu verklagen. In der Zwischenzeit bis zum Gerichtstag hat sich dieser mit mehreren besprochen, und ist ihm von den Bauern, da es gegen einen Juden ging, gerathen worden, es darauf ankommen zu lassen; wie denn sein eigener Brodherr sich später ein Gewissen daraus gemacht hat, daß er ihm damals gesagt habe: "Ei wat must du denn dat bethalen, eck schlöge ja leiver den Jauden vörm Kopp, dat hei den Himmel vor'n Dudelsack anseihe, et is ja man 'n Jaude!"

Aber am Morgen des Gerichtstages beschwor der Jude sein Annotirbuch, und da er außerdem unbescholten war, ward ihm der volle Preiß zugesprochen; da wollen Leute, die die Treppe herauf gingen, als Hermann von der Gerichtsstube herunter kam, gehört haben, daß er gesagt: "Töf, ek will di kalt maken!" von welchen Worten ihnen das Verständniß erst nach dem Morde geworden.

Es war Abend geworden, als der Förster Schmidts quer übers Feld auf's Dorf zugehend, den Hermann an der Ricke herauf nach dem Heilgen Geist Holz zugehen sieht, und, glaubend jener wolle noch spät Holz stehlen, ihm behutsam auf dem Fuß nachfolgt. Als er ihn aber nur einen Knüppel sich abschneiden sieht, und die Zacköste davon abschlagen, so sagt er halb ärgerlich bei sich: „J wenn du wieder nix wult häddest, ase dat, so häddest du mi auk nich bruken dahenup to jagen"; und die Flinte, die er auf den schlimmsten Fall zu schneller Bereitschaft unter den Arm genommen, wieder auf die Schulter hockend, geht er langsam die Schlucht herunter nach dem Dorf zu. Nahe davor zwischen den Gärten begegnet ihm der Jude Pinnes und bittet für seine Pfeife um etwas Feuer, welches man auch keinem Juden abschlagen darf, und weil der Zunder nicht gleich fangen will, so reden sie vom Handel, und ob der Jud seine Fuchsfelle haben wolle, der aber: er könne jezt nicht wieder umkehren und sie besehen, er müsse nach Hause; „ja", sagte der Förster ihm das Feuer auf die Pfeife legend, „wenn du noch na Huse must, so mak dat du vor der Dunkelheit dörch 't Holt kümmst, de Nacht meint et nich gut med den Minschen".

Zwei Tage drauf des Nachmittags kommt die Frau des Schutzjuden Pinnes den Hüxterschen Weg herunter ins Dorf, schreiend und heulend: ihr Mann läge oben erschlagen im

*) Die hier niedergeschriebene Geschichte ist wörtlich wahr; viele hundert Leute in der Gegend, wo der Unglückliche lebte, können das bezeugen.

11

Titelseite der Zeitschrift *Wünschelruthe* (1818) mit dem Beginn der Erzählung »Geschichte eines Algierer-Sklaven«

8.3 Vertiefung: Über den Text aus Sicht der Autorin ins Gespräch kommen

Unterrichtsschritt. Mit Mitteln des handlungs- und produktionsorientierten Literaturunterrichts erschließen sich die Schülerinnen und Schüler in Kleingruppen spielerisch den Text (ARBEITSBLATT 8b ***»Geschichte eines Algierer-Sklaven« – Arbeitsaufträge***). GA

ARBEITSBLATT 8b

➤ S. 58

Erläuterungen. Vorgestellt werden zwei mögliche Spielsituationen: Die mündliche Erzählung des Großvaters im Kreis seiner jüngeren Kinder und der Enkelinnen sowie die ambitionierte Runde literarisch interessierter junger Menschen rund um den Autor August von Haxthausen, der seinen Text vorliest. Im Gespräch werden dann entweder kindlich-interessierte Fragen zum spannenden Geschehen oder ein literarisch orientierter Austausch über die Art der Niederschrift der Geschichte im Mittelpunkt stehen. Ziel ist es, dass sich die Lernenden in die Situationen einfühlen, in denen die Autorin mit dem Stoff in Berührung kommt. Beide Situationen legen dabei nahe, dass auch eine kritische Sicht möglich und eine dichterische Überformung des Geschehens zu erwarten ist.

Man kann den Arbeitsgruppen freistellen, welche Situation sie wählen oder diese paritätisch zuweisen, so dass sichergestellt ist, dass beide Varianten zur Vorführung kommen. Hier kann über die Aufgabenstellung auch gut differenziert werden, da die familiäre Situation deutlich anspruchsloser bzw. einfacher gestaltet werden kann als der literarische Zirkel.

8.4 Sicherung: Sich in die Gesprächssituation spielend einfühlen

UG

Unterrichtsschritt. Jede der beiden Gesprächssituationen wird (mindestens einmal) vor der Klasse aufgeführt. Die Schülerinnen und Schüler kommen im Anschluss über ihre Eindrücke ins Gespräch.

8.5 Erweiterung/Hausaufgabe: Den »Cold Case *Judenbuche*« erneut aufrollen

EA / GA

ARBEITSBLATT 8c

➤ S. 59

Unterrichtsschritt. Abschließend zur gesamten Unterrichtssequenz »Cold Case *Judenbuche*« (Unterrichtsstunde 3–8) verfassen die Schülerinnen und Schüler einen kreativen Text als Fortsetzung der Novelle, in der der Fall rund um den Mord am Juden Aaron mit modernen Mitteln der Technik gelöst wird. Ihre Aufgabenstellung orientiert sich dabei am Schreibprozess (ARBEITSBLATT 8c ***Schreibaufgabe für Dichterteams – den »Cold Case Judenbuche« neu aufrollen***).

Erläuterungen. Die kreative Schreibaufgabe kann in Einzel- oder Gruppenarbeit gelöst werden. Sie greift die Ergebnisse der Textarbeit der vorhergehenden Stunden auf. Empfehlenswert ist es, die Aufgabe – zumindest in Teilen – als Hausaufgabe lösen zu lassen. Eine Benotung ist möglich, als Beurteilungskriterien dienen dann die Aspekte, die auf ARBEITSBLATT 8c für die Überarbeitung empfohlen werden. Sollte man die Schülertexte benoten wollen, wäre es wichtig, diese Kriterien im Vorfeld mit den Lernenden zu besprechen.

Geschichte eines Algierer-Sklaven[1]

Von A. Freiherrn Haxthausen.

[41] Der Bauernvogt von *Ovenhausen* hatte im Herbst 1782 einen Knecht *Hermann Winkelhannes*, mit dem er, weil es ein tüchtiger frischer Bursche, wohl zufrieden war. Dieser hatte bei dem Schutzjuden *Pinnes* in *Vörden Tuch* zum Foerhemd (Camisol) ausgenommen, und als er wohl schon einige Zeit damit umhergegangen und der Jude ihn nun an die Bezahlung mahnt, so läugnet er, verdrießlich, das schon etwas abgetragene, und auch nicht einmal gut ausgefallene Tuch noch theuer bezahlen zu müssen, jenem keck ab, so hoch mit ihm übereingekommen zu seyn, vielmehr habe er die Elle zwei gute Groschen wohlfeiler accordirt, und nach manchem Hin- und Herreden sagt er zulezt: »du verflogte Schinnerteven von Jauden, du wust mi man bedreigen, eh ek di den halven Daler in den Rachen smite, well ek mi leiver den kleinen Finger med den Tännen afbiten, un wann de mi noch mal kümmst, so schla ik di de Jacken so vull, dat du de Dage dines Levens an mi gedenken fast.« Dem Juden bleibt also nichts anders übrig, als ihn beim H.. schen Gericht, der Gutsherrschaft *Hermanns*, zu verklagen. In der Zwischenzeit bis zum Gerichtstag hat sich dieser mit mehreren besprochen, und ist ihm von den Bauern, da es gegen einen Juden ging, gerathen worden, es darauf ankommen zu lassen; wie denn sein eigener Brodherr sich später ein Gewissen daraus gemacht hat, daß er ihm damals gesagt habe: »Ei wat wust du denn dat bethalen, eck schlöge ja leiver den Jauden vörm Kopp, dat hei den Himmel vor'n Dudelsack anseihe, et is ja man 'n Jaude!«

Aber am Morgen des Gerichtstages beschwor der Jude sein Annotirbuch, und da er außerdem unbescholten war, ward ihm der volle Preiß zugesprochen; da wollen Leute, die die Treppe herauf gingen, als Hermann von der Gerichtsstube herunter kam, gehört haben, daß er gesagt: »Töf, ek will di kalt maken!« von welchen Worten ihnen das Verständniß erst nach dem Morde geworden.

Es war Abend geworden, als der Förster Schmidts quer übers Feld auf's Dorf zugehend, den Hermann an der Ricke herauf nach dem Heilgen Geist Holz zugehen sieht, und, glaubend jener wolle noch spät Holz stehlen, ihm behutsam auf dem Fuß nachfolgt. Als er ihn aber nur einen Knüppel sich abschneiden sieht, und die Zackäste davon abschlagen, so sagt er halb ärgerlich bei sich: »I wenn du wieder nix wult häddest, ase dat, so häddest du mi auk nich bruken dahenup to jagen«; und die Flinte, die er auf den schlimmsten Fall zu schneller Bereitschaft unter den Arm genommen, wieder auf die Schulter hockend, geht er langsam die Schlucht herunter nach dem Dorf zu. Nahe davor zwischen den Gärten begegnet ihm der Jude Pinnes und bittet für seine Pfeife um etwas Feuer, welches man auch keinem Juden abschlagen darf, und weil der Zunder nicht gleich fangen will, so reden sie vom Handel, und ob der Jud seine Fuchsfelle haben wolle, der aber: er könne jetzt nicht wieder umkehren und sie besehen, er müsse nach Hause; »ja«, sagte der Förster ihm das Feuer auf die Pfeife legend, »wenn du noch na Huse wust, so mak dat du vor der Dunkelheit dörch 't Holt kümmst, de Nacht meint et nich gut med den Minschen«.

1 Die hier niedergeschriebene Geschichte ist wörtlich wahr; viele hundert Leute in der Gegend, wo der Unglückliche lebte, können das bezeugen. [Originalfußnote.]

Zwei Tage drauf des Nachmittags kommt die Frau des Schutzjuden Pinnes den Höxterschen Weg herunter ins Dorf, schreiend und heulend: ihr Mann läge oben erschlagen im [42] Heilgen Geist Holze; und während die Leute zusammenstehn und es besprechen und einige den Weg heraufgehen, dem Holze zu, giebt sie es bei dem Gerichte an, und erzählt unter Schluchzen, als vorgestern ihr Mann nicht gekommen, gestern nicht, und auch heute Morgen nicht, habe sie sich aufgemacht, um hier im Dorf zu fragen welchen Weg er genommen, und als sie durchs Holz gekommen, sei auf einem Fleck viel Blut gelegen, und eine Spur davon habe ins nahe Gebüsch gewiesen, da sei sie neugierig gefolgt, meinend ein todwundes Wild sei da vielleicht hineingekrochen, da sei es ein Mensch gewesen, und ihr Mann, und todt!

Man bringt ihn auf einer Tragbahre ins Dorf. Er hatte siebzehn sichtbare Schläge mit einem Knüppel erhalten, aber keiner von sechsen, auf den Hirnschädel gefallenen, hatte diesen zersprengt, ohngeachtet sie so vollwichtig gewesen, daß die Haut jedesmal abgequetscht war. Nur einer ins Genick und ein Paar in die Rippen waren ihm tödtlich geworden. Die Haut in beiden Händen war abgeschält; (er hatte, wie sich später erwieß, mehrmals krampfhaft den zackichten Prügel ergriffen, der Mörder ihm aber denselben mit aller Gewalt durch die Hände gerissen daß die Haut daran geblieben).

Der Förster Schmidts war mit unter denen gewesen, die hinauf gegangen, und fand kaum 100 Schritt vor der Leiche auf dem Wege nach Ovenhausen rechts am Graben den blutigen Knüppel der seine Gedanken auf Hermann leitete; dann kam beim Gericht die Erinnerung an den Prozeß, und bald die Aussage jener die gehört, daß Hermann unten an der Treppe gesagt: ek will di kalt maken.

Da gab das Gericht Befehl ihn zu arretiren, und weil man hörte, er sei seit ein paar Tagen nicht mehr beim Voigt in Ovenhausen, sondern bei seinem Vater in Bellersen, so setzte sich der Drost Freiherr H.. n selbst mit einem Reitknechte zu Pferde, und ritt von der einen Seite ins Dorf, während von der andern Seite die Gerichtsdiener auf das Haus des alten Winkelhannes zukamen. Der aber erzählte, als man niemanden fand, sein Sohn sei schon seit voriger Nacht fort, er wisse nicht wohin. Das war aber unwahr, denn Hermann erzählte später selbst: er habe die Gerichtsdiener aufs Haus zukommen sehen, da sei er durchs Fenster in den Garten gesprungen und habe sich in die Vicebohnen versteckt, und habe das Suchen alles gehört, wie es dann still geworden, dann ein Paar am Gartenzaun sich begegnet, und der eine gesagt: da häwwet se en! worauf der andere: ach wat willt se'n häwwen, de is längest öwer alle Berge! wo sull he denn wal hen lopen sin? Ach war weit eck, na Ueßen, na Prüßen, na Duderstat hen!

Der Jude lag indeß auf der Todtenbahre und seine Wunden öffneten sich nicht mehr, um bei Vorführung des Mörders zu bluten. Da kamen die Verwandten und Glaubensgenossen, ihn zum ehrlichen Begräbniß abzuholen, und während der Rabbiner ihn in den Sarg legen und auf den Wagen laden läßt, stehen der Bruder und ein paar andre Juden beim Drosten H.. n und bitten ihn nach einiger Einleitung, »se hatten 'ne grause Bitte an er Gnoden.« Nun und worin besteht die? wendete der Drost ein. »Er Gnoden müssen's uns aber nich vor übel nehmen, da is der Baum wo unser Bruder bei erschlagen, da wöllten mer se bitten, ob se uns erlauben wollten in den Baum unsre Zeichen 'nein zu schneiden, mir wollens gerne bezohlen, fordern er Gnoden nur was se da vor haben wollen«. – »O das thut in Gottesnahmen soviel ihr nur wollt!« – »Nu mer wollen allen Schaden ersetzen, verkaufen se uns den Baum« – »Ach was, schreibt daran was ihr Lust habt, das thut dem Baum weiter nichts. Aber was wollt ihr denn drein schneiden, dürft ihr das nicht sagen?« frägt der Drost zurück. »Ach wenn er Gnoden es nich vor übel nehmen wollten, da ist unser Rabbiner der soll da unsere Hebräischen Zeichen nein schneiden, daß der Mörder, den unser Gott finden werd, keines rechten Daudes sterben soll«.

[46] Nach fast 6 Jahren, im Frühiahr 1788, wird dem Fürstbischof von Paderborn, während gerade in der Zeit des Landtags Mehrere von der Ritterschaft worunter auch der Drost H.. n, bei ihm an der Mittagstafel sitzen, ein Brief gebracht, welchen er, nachdem er ihn gelesen, dem Drosten giebt, »das betreffe jemand aus einem seiner Dörfer und wie sich das verhalte, ob man etwas dafür thun solle?« Der Drost, nach aufmerksamer Lesung, giebt ihn dem Fürsten zurück: »Er überlasse das der Einsicht ihrer Fürstlichen Gnaden, der Mensch sei übrigens im stärksten Verdacht eines begangenen Mordes, und man würde ihn dort nur befreien, um ihn hier den Händen der Gerechtigkeit zu überliefern«. –

Der Brief aber lautet wörtlich so:

Ihro Hochfürstlich Gnaden durchleichtigster Printz. Mein allergnädigster Herr herr etc.

Ich armer bitte Unterthänigst. zu vergeben daß ich mein Schreiben. an ihro durchleichtigsten Printzen Ergehen laße. in deme ich nach Gott Einzig und allein meine Zuflucht zu ihro Gnaden meinen allergnädigsten Landesherren suche, hoffe meine Bitte erhöret zu werden.

Ich Johannes Winkelhannes von den Paderpormschen auß Pelersen deß fürstenthum von Neuhaus gebürtig, von der Dioces Churfürstenthum Cöllen. Mein Vatter hermanns und meine Muetter Maria Elisabetta Abgentz, deßen Ehlich Erzeigte Sohn stunde in spanischen Dienste untter dem löbl. Regiment Provante geriethe Sklavische Gefangenschaft worinnen ich schon über zwei Jahre lang in diesem so erbermlichen Leben bin, Wenn man sollte sprechen das Ellend der Christen unde wie sie von diessen Barbaren dractieret werden, ist mir unmöglich zu schreiben, und die teglichen Nahrung bei so schwerer Arbeit miserable Kleidung sollte ein steinernes Herze zum Mitleiden bewegen. Doch meiner seits Gott sei Dank habe ich einen guetten Patron bekhomen, welcher der erste Minister nach dem Bei ist, und wird Casnätzi genannt, wo ich an Unterhalt undt Kleidung keinen Mangel leidte doch in bedenkung ein Sklave den Christenthum Entzogen, und meiner Schuldigkeit als ein Christ nit nachkommen kann. Keinen Trost. Undt zuflucht bei keinen Menschen mich dieses Jemerlichen Standes zu entziehen, so setze ich nun mein Vertrauen und Zuflucht zu ihro hochfürstliche gnaden Kniefehlich mit bitteren Thränen bittend durch das bittere Leidten und Sterben Jesu Christi sich meine zu erbarmen, mich dieses Ellenden Sclaven Stande Loß zu machen und mir wiederum in mein liebes Vatterlandt zu verhelfen es ist in Wahrheit es ist Villes Gelt nachendt bei Dreihundert Ducaten, doch wird solches Gott der Allmechtige solches an ihrer hoch fürstliche Gnaden reichlich vergelten bittend anbey dieses mein Schreiben an meine libe Eltern und befreunde wissen zu thun, so sie annoch bei Leben seyen mochten laße [47] sie ebenfalls freundlich grüssen und bitten, sie mochten ebenfalls bei ihro hochfürstlichen Landesherren vor mich bitten und in ihren Gebett bei Gott vor meine Guet Detter und Erlöser dieses Elendes ingedenk sein. Schliesse mit bitteren Thränen und verharre an ihro Hchfürstliche Gnaden

Ein aller unterthänigster Unterthan und Diener
Johannes Winkelhannes Sclav de Minister Casnaczi in Algier

So ein Schreiben an mich überschickt werden sollte, ist solches an Monsieur Walther Consul de Schvede zu attressiren und muß solches bis nach Marseilo frangierent werden.

Signt. Algier in Barbaria den 8ten November an. 1787.

Im April 1807 wird dem Drosten H...n in dem Augenblick, als er auf der Haustreppe steht, um in den Wagen zu steigen, der ihn nach Paderborn bringen soll, von dem Felddiener und Gerichtsboten Malchus die Anzeige gemacht: in Bellersen sei vor einigen Tagen der Hermann Winkelhannes, der seit 25 Jahren verschollen, und damals des Mordes beschuldigt, eingetroffen, ob man da vielleicht von Gerichtswegen ihn arretiren oder sonst verfahren solle. Worauf der Drost in den Gedanken der Abreise durch plötzliche Verwunderung über die seltsame Nachricht gestört, und die Schwere der Worte nicht gleich erwägend, zum Gerichtsdiener gesagt: allerdings, er müße gleich arretirt werden; aber eingestiegen und kaum vom Hof gefahren läßt er halten, und ruft den Gerichtsdiener an den Kutschenschlag, ihm befehlend: er solle noch mit der ganzen Sache ruhen, und schweigen, er wolle erst in Paderborn anfragen, die Sache sei so lange her, die Zeugen meist todt oder fort, die ganze Untersuchung also schwer und unklar, auch schon längst Gras darüber gewachsen.

Dort angekommen geht er nach dem noch von Preußischer Seite angestellten Regierungspräsidenten von Coninx, und frägt ihn um Rath, der aber sagt gleich, er möge den Hermann W. ganz ungekränkt lassen, 24 jährige Sklaverei wäre nach dem Gesetze dem Tode gleich gesetzt. Und so fährt er wieder nach Haus und läßt dem Hermann W. sagen, daß er ganz frei und unbestraft leben dürfe, und er möge bei Gelegenheit einmal zu ihm kommen.

Da meldet einen Nachmittag, als die Familie beim Kaffee sitzt, der Bediente: der Algierer sei da und wolle gern den gnädigen Herrn sprechen. Auf den Befehl, er solle ihn nur herein weisen, tritt ein kleiner krüpplicht bucklichter Kerl herein, ganz kümmerlich aussehend, der auf die Frage, ob er der Hermann Winkelhanns sey und wie es ihm ergangen, dieß erst nach mehrmaliger Wiederholung versteht, und dann in einer Sprache antwortet, deren Zusammenhang wieder niemand im Zimmer versteht, und die ein Gemisch scheint von wenig Deutsch und Holländisch, mehr Französisch und Italiänisch und Türkisch, wie sie die Sclaven in der Barbarei unter einander sprechen.

[59] Als zwei Tage darauf der Domherr Carl H.. n früh auf die Jagd ging, kommt er über die Stoppeln an dem Pflüger Kerkhoff aus Bellersen vorbei, der ihm erzählt, sie hätten vor einer Stunde den Algierer im Kiel an einem Baum hangen gefunden. Da hat der

Drost die Gemeindevorsteher zu sich kommen lassen und sie gebeten, dem Menschen, über dem ein ungeheueres Unglück am Himmel gestanden, nun auch ein ehrliches Begräbniß zu geben, und ihn nicht wie sonst Selbstmördern geschieht in der Dachtraufe oder hinter der Kirchhofs-Mauer einzuscharren, welches sie auch versprochen und gehalten haben.

Erst nach 8 Tagen führten die einzelnen Fäden über seine letzte Geschichte und seinen Tod zu einem Knoten, der [60] wie sein Schicksal selbst, das ihn überall an den unsichtbaren Fäden hielt, in seinem Tod gelöst ward. Spät Abends an dem Tage als er von dem Droste jene abschlägige Antwort erhalten, pocht er in Holzhausen, 2 Stunden weiter, heftig an die Thüre des ersten Hauses am Wege rechts, und als ihm aufgemacht und er gefragt wird, was er wolle, stürzt er leichenblaß und in furchtbarer Angst ins Haus, und bittet um Gottes und aller Heiligen Willen, ihn die Nacht bei sich zu behalten; und auf die Frage, was ihm denn in aller Welt wiederfahren, erzählt er, wie er übers Holz gekommen habe ihn eine große lange Frau eingeholt und ihn gezwungen ein schweres Bund Dörner zu tragen und ihn angetrieben wenn er still gestanden, da hätten sich die Dörner ihm alle ins Fleisch gedrückt, und er hätte an zu laufen gefangen, und sei so keuchend in großer Angst vor's Dorf gekommen, da sei die Frau fort gewesen, und sie möchten ihn nur die Nacht behalten, er wolle den andern Tag wieder nach Hause. Früh fortgegangen, ist er gegen Mittag auf die Glaserhütte zur Emde gekommen, wo er oft Almosen erhalten, und hat um ein Glas Branntewein gebeten, und als er getrunken, um noch eins, da ist ihm auch das dritte gegeben worden, worauf er gesagt, nun wolle er nach Hause. Wie er aber an den Kiel gekommen, nicht weit von der Stelle, wo er vor 24 Jahren die Schuhe zur Wallfahrt ausgezogen, da hat er eine Leine von einem nahen Pflug genommen, und sich damit an einen Baum gehenkt und zwar so niedrig, daß er mit den Füßen das Herbstlaub unter sich weggescharret hat. Als ihm einst der Drost die Geschichte mit dem Baum und den Zeichen die die Juden darein geschnitten erzählt, und wie sie bedeuteten, daß er keines rechten Todes sterben solle, hat er geantwortet: O dat sull ek doch nich denken, ek häwwe doch so lange davör Buße daen un häwwe vaste an minen Gloven halen, asse se meck överreen wullen, en abtoschwören.

So hat der Mensch 17 Jahre ungebeugt und ohne Verzweifelung die härteste Sklaverei des Leibes und Geistes ertragen, aber die Freiheit und volle Straflosigkeit hat er nicht ertragen dürfen. Er mußte sein Schicksal erfüllen, und weil Blut für Blut, Leben für Leben eingesetzt ist, ihn aber menschliches Gesetz nicht mehr erreichte, hat er, nachdem er lange Jahre fern umher geschweift, wieder durch des Geschicks geheimnißvolle Gewalt zu dem Kreis, Ort und Boden des Verbrechens zurückgebannt, dort sich selbst Gerechtigkeit geübt.

Zwei Jahre nach seinem Tode ist jener Baum, worein die Juden ihre dunklen Zeichen geschnitten, umgehauen worden. Die Rinde aber hatte diese in den langen Jahren herausgewachsen, daß man ihre Form und Gestalt nicht mehr erkennen konnte.

Wünschelruthe. Ein Zeitblatt. Nr. 11–15. 5.–19. Februar 1818. S. 41–60.

ARBEITSBLATT 8b

Geschichte eines Algierer-Sklaven – Arbeitsaufträge

Gruppe 1
Großvater Werner Adolph von Haxthausen hat die Geschichte 1807 seinen Enkelinnen, der 12-jährigen Jenny und der 10-jährigen Annette, seinem jüngsten Sohn, dem 15-jährigen August, und seiner Tochter, der 13-jährigen Ludowine erzählt. Im Anschluss entspinnt sich ein lebhaftes Gespräch, die Kinder haben viele Fragen zu dem Geschehen. **Spielt das Gespräch!**

Gruppe 2
August von Haxthausen hat die Geschichte nach ihrem Erscheinen 1818 bei einem Treffen des »Bökendorfer Romantikerkreises« vorgelesen. Anwesend waren Annette von Droste-Hülshoff (die die Geschichte schon seit Kindertagen kennt), Jakob und Ludwig Grimm und Heinrich Straube, in dessen Zeitschrift der Text erschienen war. Im Anschluss entspinnt sich eine lebhafte Diskussion um diesen Text. Die Dichter und die Dichterin haben viele Fragen an den Autor. **Spielt das Gespräch!**

ARBEITSBLATT 8c

Schreibaufgabe für Dichterteams – den »Cold Case« *Judenbuche* neu aufrollen

So wie Annette von Droste-Hülshoff durch die wahren Ereignisse rund um den Mordfall Soistmann Berend inspiriert wurde, eine – erfundene – Geschichte zu einem Kriminalfall zu schreiben, könnt auch ihr verfahren: Lasst euch vom verbrecherischen und rätselhaften Geschehen in der *Judenbuche* anregen und löst in eurer eigenen Geschichte den »Cold Case«!

Schreibaufgabe:

Ein Detektivteam aus Schülerinnen und Schülern der Klasse _____ löst im Jahr 20____ mit modernsten Mitteln der Kriminaltechnik den »Cold Case *Judenbuche*« und entlarvt den wahren Mörder des Juden Aaron.

Vorgehen:

1. *Teambesprechung zum Fall:*
   a. Sichert alle relevanten Fakten aus dem Text, die ihr auch in den letzten Unterrichtsstunden besprochen habt. Gestaltet eine Übersicht.
   b. Überlegt, wo man mit moderner Technik ansetzen könnte. Erfindet (alte) Spuren und Hinweise, die neu aufgerollt werden.
   c. Entscheidet euch, wer warum der »wahre Mörder« sein soll.
   d. Gestaltet einen Schreibplan für eure Erzählung, die über eure Arbeit und die Entlarvung des Mörders berichtet.

2. *Schreibt eure Erzählung auf.*

3. *Überarbeitet eure Erzählung vor der Veröffentlichung:*
   a. Passen die Fakten tatsächlich zur originalen *Judenbuche*?
   b. Sind eure Ermittlungsansätze grundsätzlich möglich, kann man das heute tatsächlich machen?
   c. Geht die Entlarvung des Mörders spannend und für den Leser nachvollziehbar aus den Schilderungen der Ermittlungen hervor?
   d. Ist die Entscheidung für eine Person als Mörder auch in Zusammenhang mit dem Originaltext von Annette von Droste-Hülshoff logisch nachvollziehbar?
   e. Sind die Rechtschreibung und Grammatik bei eurem Text korrekt?

4. *Veröffentlicht eure Erzählung:*
   Gestaltet, so wie August von Haxthausen im »Bökendorfer Kreis«, eine Dichterlesung und sprecht über eure Werke.

9 Der Autorin Annette von Droste-Hülshoff begegnen

Sachanalyse

Annette von Droste-Hülshoff wird in der Sekundärliteratur vielfach als größte deutsche Dichterin bezeichnet, obwohl – oder vielleicht gerade weil – sie in einer Zeit lebt, in der traditionelle Zwänge Frauen rigide einengen, sie sich diesen in Teilen auch unterwirft und trotzdem zu ihrem literarischen Werk und dessen Veröffentlichung steht. »Eine frauenspezifische Sicht auf Leben und Werk Annettes von Droste fördert eine neue [...] Position zutage. Jenseits der Entgegensetzung von leisen, sentimentalen Dichterinnen auf der einen und lautstark fordernden, emanzipierten Autorinnen des Vormärz auf der anderen Seite bewegte sich die Droste auf einem – konfliktreichen – Mittelweg.«[1]

Sie ertrotzt sich ihren Weg durchs Leben, beginnend mit einer rasanten Frühgeburt im Januar 1797 als Siebenmonatskind, der Familienüberlieferung zufolge ausgelöst durch einen Sturz der Mutter auf dem Eis.[2] Von Beginn an kränklich, erlebt Annette von Droste-Hülshoff zeitlebens Phasen, in denen sie gesundheitlich stark geschwächt ist. Inwiefern auch psychische Probleme dabei eine Rolle spielen, wird von den Biografen unterschiedlich bewertet. Als junge Frau begegnet sie 1820 dem Kaufmann Fritz Beneke in Bökendorf, der über sie in seinem Tagebuch notiert, dass sie »überaus gescheit, talentvoll, voll hoher Eigenschaften und dabei doch gutmütig [ist], ihr ist aber zu stark hofiert, sie hat dadurch den Eitelkeitssinn zu stark entwickelt, ist eigensinnig und gebieterisch.«[3] In diesem Jahr findet die »Liebeskatastrophe« statt, Annette ist gleichzeitig auf unterschiedliche Weise in zwei Männer verliebt, die ihr dann beide die Freundschaft kündigen, was zu einem gesellschaftlichen Rückzug führt. In diese Liebeshändel sind auch Teile der Familie mütterlicherseits verwickelt, auf deren Familiensitz in Bökendorf bei Brakel sich das Ganze abspielt und den Annette daraufhin für Jahre meidet.

Am 25. Juli 1826 stirbt ihr Vater; ihr Bruder Werner, der im Mai des gleichen Jahres geheiratet hat, erbt Schloss Hülshoff. Ihre Schwester und sie ziehen mit der Mutter in den Witwensitz, das Rüschhaus, ein großzügiges barockes Landhaus in der Nähe von Hülshoff. Dort hat sie ein eigenes Arbeitszimmer, ihr »Schneckenhäuschen«. Im einsam gelegenen Rüschhaus lebt, schreibt und wirtschaftet Annette 20 Jahre lang.

Zu den zentralen Personen in ihrem Leben zählt zum einen ihre streng katholische Mutter Therese, die den in seine private Welt versponnenen Vater ebenso dominiert wie ihre Tochter Annette, »die sich diesem Regiment grundsätzlich unterwarf, es aber auch [...] immer wieder erfolgreich zu unterlaufen verstand.«[4] Daneben spielt auch die ältere Schwester Maria Anna (genannt Jenny) eine wichtige Rolle als Freundin und Vertraute. 1834 heiratet Jenny den Germanisten Joseph von Laßberg, der 1838 die Burg Meersburg am Bodensee über dem Seeufer gekauft hat. Dort verbringt Annette als Gast eine erfüllte Zeit.

Sie hat in Meersburg die Gelegenheit, Levin Schücking zu treffen, dem sie dort eine Stelle als Bibliothekar verschafft. Der 17 Jahre jüngere Sohn einer Freundin und Dichterkollegin tritt ab 1838 in eine enge Beziehung zu Annette, die für sie eine Quelle künstlerischer Inspiration wird. Diese lässt sich charakterisieren als »die Entwicklung einer sich immer mehr intensivierenden Liebe der Älteren zum innerlich weit weniger beteiligten Jüngeren, eine Liebe, die nur unter dem Deckmantel der Freundschaft und der mütterlichen Zuneigung gelebt werden konnte.«[5] Mit der Hochzeit Schückings mit Louise von Gall kommt es dann ab 1843 zur Entfremdung. Annette erkrankt zudem wieder schwer und verstirbt 1848.

1 Monika Gemmer, *Nach hundert Jahren möchte ich gelesen werden*, www.nach100jahren.de/ueber-annette-von-droste (Stand: 21.1.2021).

2 Grundlage der biografischen Details: Walter Gödden, *Tag für Tag im Leben der Annette von Droste-Hülshoff*, Paderborn [u.a.] 1996; Winfried Freund, *Annette von Droste-Hülshoff*, München 1998; Ronald Schneider, *Annette von Droste-Hülshoff*, Stuttgart/Weimar ²1995.

3 Zit. nach: Freund (Anm. 2), S. 26.

4 Schneider (Anm. 2), S. 28.

5 Ebd., S. 34.

Unterrichtsverlauf

Überblick. Die Schülerinnen und Schüler gewinnen einen Eindruck vom Leben der Annette von Droste-Hülshoff. Sie vertiefen ihre biografischen Detailkenntnisse spielerisch.

Phase	Thema	Sozialform	Kompetenzen/Lernziele	Materialien
Voraussetzungen: keine.				
9.1	Einstieg: Einblick in die Gemütsverfassung der Droste 1840	UG	• Neugierig auf Persönlichkeit und Leben der Droste werden	Internetzugang
9.2	Erarbeitung: Zentrale Eindrücke und Fakten zum Leben mittels einer Multimedia-Reportage erfahren	LV	• Einen (ausschnitthaften) Eindruck vom Leben der Droste gewinnen	Internetzugang
9.3	Vertiefung: Das Annette-von-Droste-Hülshoff-Biografie-Würfelspiel spielen	EA / GA	• Details zum Leben der Droste und der wichtigsten Bezugspersonen kennen	VORLAGE 9 ➤ S. 62 ARBEITSBLATT 9a ➤ S. 63 ARBEITSBLATT 9b ➤ S. 64 ARBEITSBLATT 9c ➤ S. 65 f. Pro Gruppe: Würfel, Kleber pro Schüler: Schere, 2-Cent-Stück

9.1 Einstieg: Einblick in die Gemütsverfassung der Droste 1840

Unterrichtsschritt. Die Schülerinnen und Schüler sehen ein Porträt Annette von Droste-Hülshoffs auf Bild 14 (»Warten auf Adele«) des Kapitels 1 (»Ankunft im Rüschhaus«) der Multimedia-Reportage *Die Droste-Homestory* (dailymo.pageflow.io/droste-homestory#13992, Stand: 21.1.2021) und hören einen Auszug aus ihrem Brief an Christoph B. Schlüter, der einen guten Einblick in ihre Gemütsverfassung im Jahr 1840 gibt. Sie werden neugierig auf die Persönlichkeit und das Leben der Droste und formulieren Fragen dazu.

UG

Internetzugang

9.2 Erarbeitung: Zentrale Eindrücke und Fakten zum Leben mittels einer Multimedia-Reportage erfahren

Unterrichtsschritt. Ausgangspunkt ist das Internet-Projekt von Monika Gemmer, *Nach hundert Jahren möchte ich gelesen werden*, unter: www.nach100jahren.de (Stand: 21.1.2021). Dort sind auch die beiden folgenden Multimedia-Reportagen verlinkt, die die Lehrkraft anschließend vorführt.

a) *Die Droste-Homestory*: dailymo.pageflow.io/droste-homestory
b) *Droste in Meersburg*: dailymo.pageflow.io/droste-in-meersburg

LV

Internetzugang

Erläuterungen. »›Nach hundert Jahren‹ ist ein literarisches Web-Projekt von Monika Gemmer. Alle Postings und Kommentare sind Originalauszüge aus Briefen der Droste und ihrer Zeitgenossen. Die Veröffentlichung in dieser Form – als datenbankgestütztes Webblog – ermöglicht einen neuen Zugang zu dem Material […]. Ausführliche Informationen über die Protagonisten und eine Karte mit Aufenthaltsorten der Dichterin ergänzen das Projekt, das 2007 den Grimme Online Award bekommen hat« (www.nach100jahren.de/ueber-dieses-projekt).

Die Form der Multimedia-Reportagen ermöglicht es, das Tempo der Vorstellung selbst zu wählen. So können Fragen, die die Lernenden im Vorfeld formuliert haben, während der Darbietung immer wieder eingeschoben und besprochen werden. Auch kann man beliebig Einzelteile überspringen oder Audiotexte auslassen, so dass eine freie Zeiteinteilung möglich ist.

9.3 Vertiefung: Das Annette-von-Droste-Hülshoff-Biografie-Würfelspiel spielen

EA / GA

VORLAGE 9 ➤ S. 62
ARBEITSBLATT 9a ➤ S. 63
ARBEITSBLATT 9b ➤ S. 64
ARBEITSBLATT 9c ➤ S. 65 f.

Unterrichtsschritt. Die Schülerinnen und Schüler basteln zentrale Personen zur Biografie als Spielfiguren (ARBEITSBLATT 9b *Spielfiguren*). Sie spielen nach VORLAGE 9 *Spielanleitung* in Vierergruppen das Würfelspiel (ARBEITSBLATT 9a *Annette-von-Droste-Hülshoff-Biografie-Würfelspiel*) und lernen spielend mittels der Ereigniskärtchen (ARBEITSBLATT 9c *Biografie-Karten*) zentrale Details aus dem Leben dieser Personen (in Bezug auf Annette von Droste-Hülshoff) kennen.

Erläuterungen. In der Multimedia-Reportage haben die Schülerinnen und Schüler die Droste und ihre wichtigsten Bezugspersonen, die Mutter Therese von Droste-Hülshoff, geb. von Haxthausen, ihre Schwester Maria Anna (Jenny) von Laßberg, geb. von Droste-Hülshoff, und »den Mann in ihrem Leben« Levin Schücking bereits kennengelernt. Bei der Durchführung des Spiels erfahren sie nun mehr über diese Personen. Die gewählten Jahreszahlen sind passend zu wichtigen Stationen in Annette von Droste-Hülshoffs Leben ausgesucht.

Weitere benötigte Materialien:
- Pro Gruppe ein Würfel, Kleber
- Pro Schüler: Schere, 2-Cent-Stück

VORLAGE 9

Spielanleitung

1. Vorbereitung:

a. Bastelt die Spielfiguren, wie auf ARBEITSBLATT 9b beschrieben.
Dazu braucht ihr: Kleber, Schere, 2-Cent-Stück pro Figur.

b. Schneidet die Ereigniskärtchen von ARBEITSBLATT 9c aus.

c. Legt das Spielbrett (ARBEITSBLATT 9a) und einen Würfel in die Mitte.

d. Jeder Mitspieler legt die Ereigniskärtchen für seine Figur vor sich hin.

2. Durchführung:

a. Würfelt reihum, wer die höchste Zahl hat, beginnt.

b. Wenn du auf ein rotes Jahresfeld kommst, ziehe das zum Jahr passende Ereigniskärtchen für deine Person und lies es allen vor. Dann führe die Anweisung aus.

c. Wenn du auf ein Feld kommst, das bereits besetzt ist, dann musst zurückgehen, bis du auf ein rotes Jahresfeld stößt. Du ziehst hier das Ereigniskärtchen, wenn du es nicht schon in der Runde zuvor getan hast.

d. Gewonnen hat, wer als Erster direkt ins Ziel kommt.

ARBEITSBLATT 9a

Annette-von-Droste-Hülshoff-Biografie-Würfelspiel

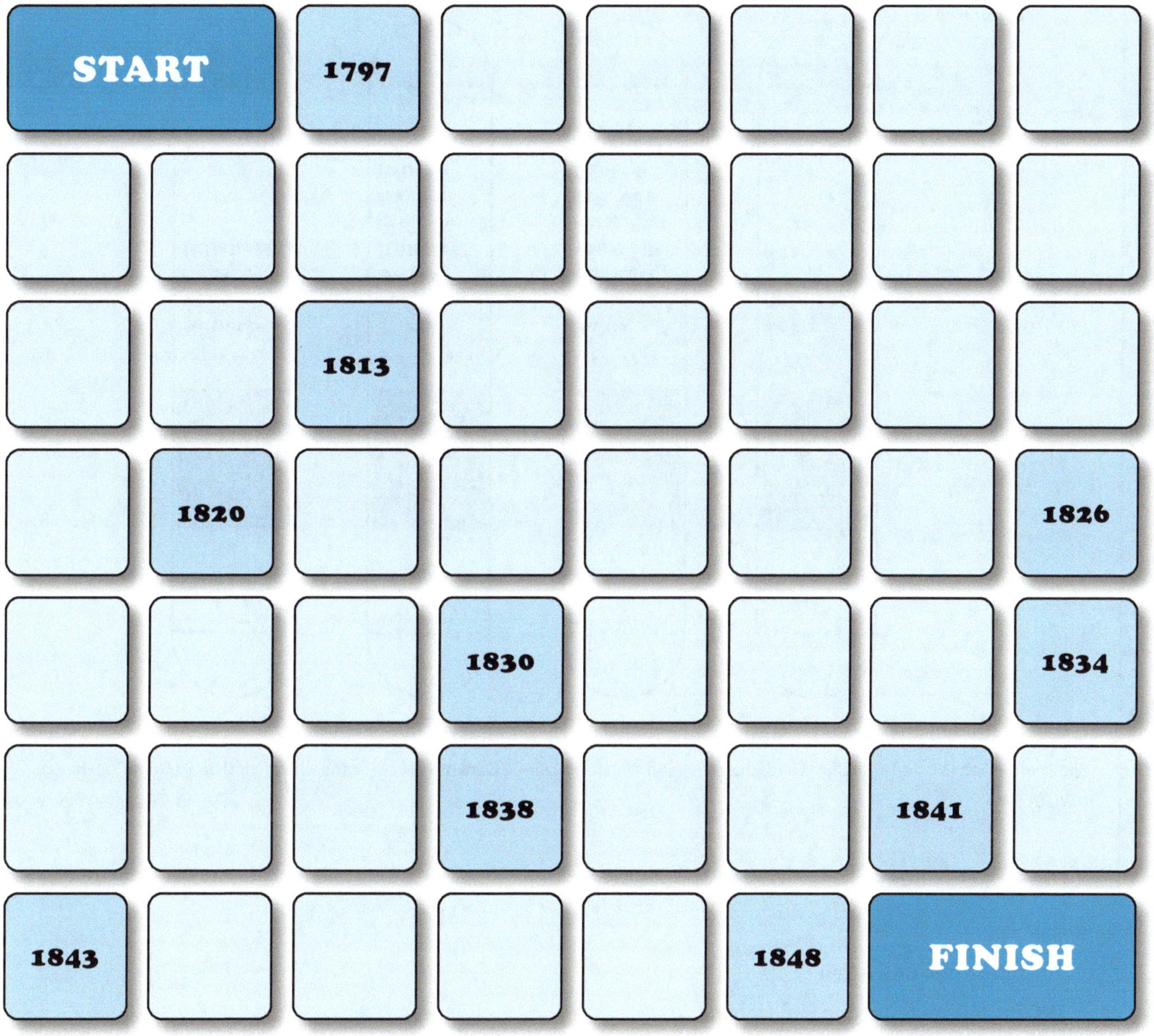

ARBEITSBLATT 9b

Spielfiguren

Bild Therese von Droste-Hülshoff: © Landschaftsverband Westfalen-Lippe / Denkmalspflege, Landschafts- und Baukultur in Westfalen (LWL-DLBW)

So geht's:

- Ausschneiden und falten
- 2-Cent-Münze unter den Fuß kleben

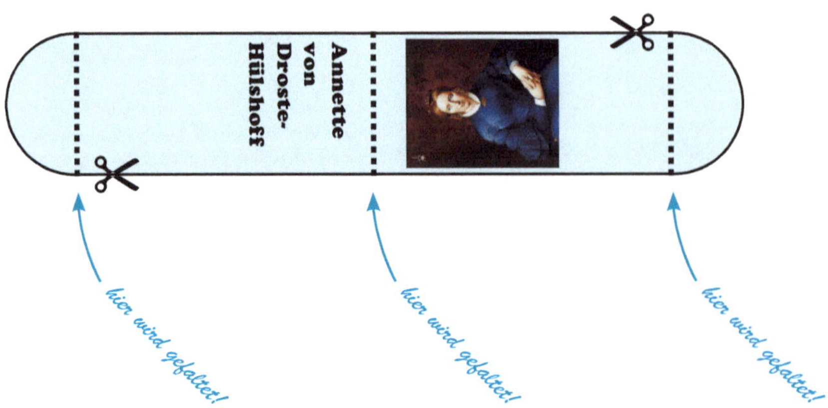

ARBEITSBLATT 9c (Seite 1 von 2)

Biografie-Karten

Annette	Therese	Jenny	Levin
Annette **1797** Heute bin ich am 12.1. – viel zu früh! – zur Welt gekommen! Ich bin recht schwächlich, aber meine Amme, Maria Plettendorf, die mit ihrem neugeborenen Sohn auf die Burg zieht, rettet mir das Leben. **Noch einmal würfeln.**	**Therese** **1797** Ich bin auf glattem Eis gestürzt, und dadurch wurde die Geburt meines Babys ausgelöst –wieder nur eine Tochter! Wir brauchen aber einen Sohn, sonst darf mein Mann sein Erbe, Schloss Hülshoff, nicht behalten! **Einmal aussetzen.**	**Jenny** **1797** Hurra – ich habe eine kleine Schwester! Eigentlich heiße ich Maria Anna, bin jetzt 2 Jahre alt und weiß noch nicht, dass Annette und ich unser ganzes Leben lang sehr gute Freundinnen und enge Vertraute sein werden. **Noch einmal würfeln.**	**Levin** 1797 Meine Mutter, die später Annettes Freundin sein wird, ist jetzt 6 Jahre alt. Ihr literarisches Talent wirde durch den Dichter Anton Sprickmann entdeckt werden. Mich gibt es noch lange nicht … **Einmal aussetzen.**
Annette **1813** Ich besuche meine Großeltern Haxthausen (die Eltern von Mama) in Bökendorf bei Brakel. Hier erfahre ich etwas über einen Mordfall, der mich zur *Judenbuche* inspirieren wird. **Noch einmal würfeln.**	**Therese** **1813** Hier in Hülshoff bekommt man von den Auseinandersetzungen zwischen Franzosen und Preußen nur wenig mit! Trotzdem gibt es viele Bedürftige, die sich täglich vor der Freitreppe vor dem Haus einfinden, denen ich helfe. Auch die Kinder erziehe ich zur Nächstenliebe. **5 Felder vor.**	**Jenny** **1813** Ich lerne im Schloss Bökerhof Wilhelm Grimm kennen, dem ich bei der Sammlung von Märchen und Volksliedern helfen werde. Wir beginnen unsere jahrelange Brieffreundschaft. Aus meinen Tagebucheinträgen schließen manche auf eine unerfüllte Liebesbeziehung … **Einmal aussetzen.**	**Levin** **1813** Annette lernt meine Mutter, die Schriftstellerin Catharina Elisabeth Busch, später verheiratete Schücking, kennen. Ich werde nächstes Jahr, 1814, zur Welt kommen. **5 Felder vor.**
Annette **1820** Bin in Bökendorf und in 2 Männer verliebt: Heinrich Straube, der mich im Herzen anrührt, und August von Arnswaldt, den ich sehr sexy finde. Jetzt haben mir beide brieflich die Freundschaft gekündigt – ich kehre geknickt nach Hause zurück. **Zweimal aussetzten.**	**Therese** **1820** Annette hat sich ins Gerede gebracht, die Aussicht auf eine standesgemäße Heirat ist getrübt! Ich unterstütze sie darin, fleißig zu dichten. Sie schenkt mir zum Namenstag die Gedichtsammlung das *Geistliche Jahr*. **3 Felder vor.**	**Jenny** **1820** Nach der »Liebeskatastrophe« hat sich Annette in Hülshoff komplett in sich zurückgezogen. In den nächsten Jahren wird sie wenig bis nichts schreiben. 1822 entwerfen wir gemeinsam eine Fahne für die Roxeler Schützenbruderschaft und besticken diese monatelang. **Ein Feld vor.**	**Levin** **1820** Ich werde später beeindruckt von Annettes musikalischem Talent sein. Das hat sie in der Zeit nach der »Liebeskatastrophe« in der Beschäftigung mit der Musiktheorie (mit der ihr Onkel Maximilian sich beschäftigte) besonders herausgebildet. **3 Felder vor.**
Annette **1826** Vater ist am 25. Juli gestorben! Wir leben jetzt im Rüschhaus, wo ich ein eigenes Arbeitszimmer, mein »Schneckenhäuschen«, habe. Ich bin viel alleine, oft streife ich auch durch die Gegend und sammle Mineralien. **3 Felder vor.**	**Therese** **1826** Mein ältester Sohn, Werner, der im Mai geheiratet hat, soll Schloss Hülshoff alleine erben. Mein jüngerer Sohn wird in den Anhaltischen Forstdienst eintreten. Die Mädchen und ich ziehen ins Rüschhaus. **3 Felder zurück.**	**Jenny** **1826** Nach dem Tod von Vater ziehen Annette, Mutter und ich ins Rüschhaus, ein großzügiges Landhaus in der Nähe von Hülshoff, mit einem kleinen Landschaftspark. Es ist sehr still hier, wir sind viel alleine. **Einmal aussetzen.**	**Levin** **1826** Ich lebe mit meinen Eltern und 4 jüngeren Geschwistern (1828 kommt noch ein Bruder dazu) in Meppen, in einer Dienstwohnung von Schloss Clemenswerth. Mutter leidet unter der geistigen Isolation hier. **Einmal aussetzen.**
Annette **1831** Schon vorletztes und letztes Jahr habe ich begonnen einen Teil der *Judenbuche* zu skizzieren. Im Verlauf dieses Jahres mache ich mir weitere Notizen. Außerdem lerne ich Levin, den Sohn meiner Freundin Katharina Schücking, kennen. **5 Felder vor.**	**Therese** **1831** Annette pflegt Sibylle Mertens, übernimmt auch die Kinderpflege und Haushaltsführung. Die 34-jährige Annette möchte meine Zustimmung zu einer Reise mit Sibylle nach Vevey – ohne »Geschäftsführer« oder »Vormund«. Das geht gar nicht! **Einmal aussetzen.**	**Jenny** **1831** Ich reise meinen aus Italien zurückkehrenden Verwandten nach Konstanz entgegen. In Eppishausen besuchen wir Joseph von Laßberg, der mir nach mehreren gemeinsamen Ausflügen seine Liebe gesteht. **Noch einmal würfeln.**	**Levin** **1831** Ich möchte mein Abitur machen und besuche jetzt ein Gymnasium in Münster. Ich werde mehrmals ins Rüschhaus eingeladen und treffe die 34-jährige Annette. Ich bin sehr beeindruckt von dieser feingeistigen und sensiblen Frau. **Noch einmal würfeln.**

ARBEITSBLATT 9c (Seite 2 von 2)

Annette	Therese	Jenny	Levin
1834 Endlich bin ich mit der Arbeit an meinem Versepos *Hospiz auf dem Großen St. Bernhard* fertig. Jenny hat mich eingeladen – nächstes Jahr will ich sie und ihren Mann in der Schweiz besuchen. **Noch einmal würfeln.**	**1834** Annette ist seit ihrer Geburt immer wieder kränkelnd. Jetzt haben wir häufig den Homöopathen Clemens Bönninghausen als Arzt im Haus, der sie bereits im Januar wegen Fieber und »Blutauswurf« behandelt. Ich denke, es wird ihr bald besser gehen. **Noch einmal würfeln.**	**1834** Im Oktober werde ich heiraten! Mein zukünftiger Mann, Joseph von Laßberg, ist Germanist, er ist schon 64 Jahre alt. Ich werde zu ihm in sein Schloss Eppishausen in der Schweiz ziehen. Annette und ich werden uns regelmäßig schreiben. **3 Felder zurück!**	**1834** Letztes Jahr habe ich in Osnabrück das Abitur bestanden. Jetzt werde ich Jura studieren, zunächst in München, dann in Heidelberg und Göttingen. Später möchte ich vor allem als freier Schriftsteller tätig sein. **Ein Feld vorrücken!**
Annette **1838** Ich bin dem inzwischen 23jährigen Levin wiederbegegnet. Er inspiriert mich zu literarischem Schaffen. Wir tauschen uns intensiv über Bücher aus, die wir beide lesen und unternehmen gemeinsame Spaziergänge. **Ein Feld vorrücken!**	**Therese** **1838** Ich bin froh, dass sich Annette mit meinem Halbbruder August von Haxthausen wieder besser versteht. Er war mit an der »Liebeskatastrophe« von 1820 beteiligt und wegen ihm war sie 17 Jahre nicht in Bökendorf. **Ein Feld vorrücken!**	**Jenny** **1838** Wir ziehen um, nach Meersburg am Bodensee! Mein Mann hat für 10 000 Gulden eine Burg über dem Seeufer gekauft. 1836 habe ich Zwillinge bekommen – den beiden kleinen Mädchen gefällt es dort bestimmt auch gut. **Ein Feld vorrücken!**	**Levin** **1838** Immer häufiger treffe ich Annette, ich besuche sie regelmäßig im Rüschhaus. Wir plaudern viel, auch über Geschichten aus dem Gebiet des Visionären. Ich glaube, sie ist in mich verliebt. **3 Felder zurück!**
Annette **1841** Die *Judenbuche* ist endlich fertig! Jenny lädt mich schon wieder ein, sie in Meersburg zu besuchen. Aber ich habe eigentlich keine Zeit, hier im Rüschhaus habe ich viel mehr Ruhe zum Schreiben! Doch dann habe ich eine Idee – ich könnte mich bei Jenny mit Levin treffen! **3 Felder vorrücken!**	**Therese** **1841** Dieser Levin Schücking arbeitet jetzt in Meersburg – und ich hatte keine Ahnung davon! Annette und Jenny haben das heimlich eingefädelt, Jennys Mann war auch eingeweiht. Annette hat mir dann ganz beiläufig davon geschrieben … **5 Felder zurück.**	**Jenny** **1841** Ich würde mich so freuen, wenn Annette mich besuchen käme! Schloss Meersburg ist wirklich toll, eine echte alte Ritterburg! Und trotzdem hell und sonnig – meiner Familie geht es richtig gut hier. Vielleicht kann man Annette ja herlocken, wenn auch Levin Schücking kommt. **Noch einmal würfeln!**	**Levin** **1841** Ich arbeite jetzt bei Annettes Schwager auf Schloss Meersburg als Bibliothekar, Annette hat mir diese Stelle vermittelt. Seit Annette hier zu Besuch ist, sehen wir uns täglich und gehen viel am Bodensee spazieren. Ich schreibe an einem Roman. **Ein Feld vorrücken!**
Annette **1843** Im Frühjahr war ich schwer krank – und im Herbst heiratete mein geliebter Levin eine andere! Aber dann hatte ich doch noch Glück und konnte mir das Fürstenhäuschen in Meersburg kaufen! **Ein Feld zurück!**	**Therese** **1843** In einem Brief an Jenny schreibe ich darüber, dass es Annette gesundheitlich sehr schlecht geht und sie von »Starrkrampf und lebendig begraben« spricht. Ich mache mir Sorgen um Annette! **Einmal aussetzen.**	**Jenny** **1843** Im Herbst kommt Annette zu uns nach Meersburg. Die Gelehrtenfreunde meines Mannes, die sie »die Nibelungen-Steckenreiter« nennt, sind einmal mehr von ihr beeindruckt. **2 Felder zurück!**	**Levin** **1843** Ich werde im Oktober heiraten! – Aber nicht Annette, sondern Louise von Gall. Außerdem habe ich eine neue Stelle, ich beginne als Redakteur bei der *Augsburger Allgemeinen Zeitung*. **5 Felder vor.**
Annette **1848** Nach heftigem Bluthusten hatte ich einen Herzschlag – das war's dann … Ich bin nur 51 Jahre alt geworden. Gut, dass ich schon letztes Jahr mein Testament gemacht habe – die Einnahmen aus meinen Schriften sollen sich meine Schwester und mein Bruder teilen! **3 Runden aussetzen.**	**Therese** **1848** Es ist so bitter, wenn das eigene Kind vor einem stirbt! Und Annette ist tatsächlich das zweite Kind, das ich überlebe. Auch mein jüngerer Sohn Ferdinand ist ja schon mit 27 Jahren verstorben. Ich dagegen darf noch 5 Jahre leben. **5 Felder zurück.**	**Jenny** **1848** Meine kleine Schwester ist gestorben! Zu ihrem Andenken werde ich zusammen mit Levin Schücking *Letzte Gaben. Nachgelassene Blätter von Annette Freiin von Droste-Hülshoff* herausgeben. Der Band enthält Gedichte aus ihrem Nachlass und die *Judenbuche*. **Gehe ins Ziel!**	**Levin** **1848** Annette ist tot! Aber ich werde noch lange mit ihr und ihrem Werk beschäftigt sein: Ich werde u. a. eine Biografie über sie schreiben und ihre *Gesammelten Schriften* in drei Bänden herausgeben. **Noch einmal würfeln!**

10 Die Begriffe »Novelle« und »Biedermeier« im Kontext überblicken

Sachanalyse

In der Fachliteratur wird die Gattungszugehörigkeit der *Judenbuche* immer wieder kontrovers diskutiert. Es werden neben der Zuordnung zur Kriminal- und Detektivgeschichte drei weitere Gattungen ins Spiel gebracht: das Sittengemälde, die Milieustudie und die Novelle.[1]

Für eine Typisierung des Textes als Novelle spricht rezeptionsgeschichtlich die 1876 erfolgte Aufnahme der Erzählung in die populäre Reihe *Deutscher Novellenschatz*, herausgegeben von Paul Heyse und Hermann Kurz (1871–1876, 24 Bände im R. Oldenbourg Verlag). In der Einleitung zu dieser Reihe entwickelt Paul Heyse eine Novellentheorie, die als »Falkentheorie« in die Literaturgeschichte einging, da Heyse sie am Beispiel der »Falkennovelle« von Boccaccio erläuterte.

Paul Ernst knüpft 1906 an diese Definition an, wenn er die *Judenbuche* der Novellistik zuordnet: »Eine Novelle muss in ihrem Hauptpunkt ein irrationales Element enthalten, […] am besten knüpft sich das an einen scharf bezeichneten Gegenstand […]. Diese Rolle spielt hier die Buche.«[2] Ulrich Gaier und Sabine Gross benennen allerdings Probleme, die sich bei dieser Gattungszuordnung ergeben: Zwar lasse sich die Buche durchaus nachvollziehbar als »Dingsymbol« bezeichnen, bei anderen Charakteristika der Novelle sei es allerdings »schon schwieriger: die ›langatmigen‹ Sittenschilderungen laufen dem Gesetz der Gattung zuwider, und bei der Festlegung eines ›Höhepunkts‹ oder ›Wendepunkts‹ herrscht bei zu vielen Angeboten seitens der Erzählung weitgehende Uneinigkeit bei Interpreten.«[3] Korten führt dagegen u.a. ins Feld, es ließen sich »novellistische Merkmale nach Goethe/Eckermann (›sich ereignende unerhörte Begebenheit‹), […] und Storm (›dramatische bzw. tragische Grundstruktur‹)«[4] nachweisen. Sein Hauptkritikpunkt zielt darauf, dass die gattungstheoretischen Untersuchungen »ahistorisch« vorgingen, da »die Novelle zur Mitte des 19. Jahrhunderts normativ weitgehend unbestimmt war.«[5] Die Gattung an sich ist jedoch bereits seit Boccaccio bekannt, wie die der Reclam XL-Ausgabe der *Judenbuche* beiliegende Erläuterung des Begriffs »Novelle«[6] darstellt.

Direkt im Anschluss wird dort in einem Textausschnitt von Christian Begemann auch die problematische Diskussion der Zuordnung des Textes zu einer literaturgeschichtlichen Epoche diskutiert.[7] An erster Stelle wird, wie auch sonst häufig, der – nicht unumstrittene – Begriff des »Biedermeier« genannt. Heike Spies dazu: »Das Biedermeier trägt […] die ästhetische Hinterlassenschaft der Klassik auf breiter gesellschaftlicher Ebene weiter. Der Rückzug ins Private (Haus, Familie, Freunde), sittliche Ideale, ausgeprägte Detailfreude und eine starke Naturnähe kennzeichnen die Haltung in dieser Epoche, die Ausdrucksformen wie die Skizze, das Stimmungsbild, das Märchen und die geschlossene Novelle bevorzugte.«[8]

»Wo man ›Droste‹ in den philologischen Wald hineinruft, schallt ›Biedermeier‹ als Echo heraus«[9], ätzt Hartmut Laufhütte 2002. Er selbst verortet den Text eher in Richtung Realismus. 1842 veröffentlicht, ließen sich (Spät-)Romantik, Restauration/Biedermeier und (Früh-)Realismus als mögliche Epochen heranziehen, und tatsächlich finden sich Argumente in jede der Richtungen: »Selbstreflexivität, Doppelgängermotiv und die Nähe zum Schicksalsdrama knüpfen an die Romantik an […], die religiös motivierte Didaxe an die Restaurationszeit […] und die ungeschönte Darstellung von Gesellschaftsverhältnissen und Figurenpsyche rückt die Erzählung vom Vormärz […] bis in die Nähe des Naturalismus.«[10]

Die *Judenbuche* entzieht sich letztlich einer eindeutigen Zuordnung zu einer Gattung ebenso wie zu einer Epoche.

1 Vgl. Bernd Völkl, *Lektüreschlüssel XL: Annette von Droste-Hülshoff, »Die Judenbuche«*, Stuttgart 2018, S. 43.
2 Paul Ernst, »Schlusswort zur *Judenbuche*«, in: Paul Ernst, *Der Weg zur Form. Ästhetische Abhandlungen vornehmlich zur Tragödie und Novelle*, Berlin 1906, S. 83 f.
3 Ulrich Gaier / Sabine Gross, *Herausforderung der Literaturwissenschaft: Droste-Hülshoffs »Judenbuche«*, Stuttgart 2018, S. 107 f.
4 Lars Korten, *»Die Judenbuche«*, in: *Annette von Droste-Hülshoff Handbuch*, hrsg. von Cornelia Blasberg und Jochen Grywatsch, Berlin/Boston 2018, S. 517.
5 Ebd.
6 Vgl. *Judenbuche*, Reclam XL, S. 81 ff.
7 Ebd., S. 83 f.
8 Heike Spies, *Literatur in den Briefen Droste-Hülshoffs*, Frankfurt a. M. 2010, S. 658.
9 Hartmut Laufhütte, *Annette von Droste-Hülshoffs Novelle Die Judenbuche als Werk des Realismus*, in: *Zwischen Goethezeit und Realismus. Wandel und Spezifik in der Phase des Biedermeier*, hrsg. von Michael Titzmann, Tübingen, 2002, 285–303.
10 Korten (Anm. 4), S. 518.

Unterrichtsverlauf

Überblick. Die Schülerinnen und Schüler informieren sich eigenständig in zwei gleich großen Gruppe entweder zu der Gattungsbezeichnung »Novelle« oder der Epoche des »Biedermeier«. Sie gleichen ihre Informationen ab, erstellen ein aussagekräftiges Informationsblatt und teilen sie der anderen Gruppe mit. Im Rahmen eines Quiz testen sie ihr Wissen. Fakultativ sprechen sie über die Einordnung der *Judenbuche* als »Novelle des Biedermeier«. ! **Verkürzter Verlauf: 10.2 – 10.3 – 10.4 – 10.5**

Phase	Thema	Sozialform	Kompetenzen/Lernziele	Materialien
Voraussetzungen: keine (Kenntnis des Gesamttextes)				
10.1	Vorbereitung: Sich zu den Begriffen »Novelle« oder »Biedermeier« informieren	EA	• Eigenständig zu den Begriffen zu recherchieren	ARBEITSBLATT 10 ➤ S. 72 Internetzugang
10.2	Einstieg: Das »Gattungs- und Epochenquiz«	UG	• Bereitschaft, sich mit der Gattung »Novelle« und der literarischen Epoche des Biedermeier auseinanderzusetzen	VORLAGE 10 ➤ S. 70 f.
10.3	Erarbeitung: Sich zu den Begriffen »Novelle« bzw. »Biedermeier« austauschen	GA	• Informationen zu den Begriffen verifizieren und vertiefen	ARBEITSBLATT 10 ➤ S. 72
10.4	Vertiefung: Sich gegenseitig zu den Begriffen informieren	GA (Kugellager)	• Den jeweils noch nicht recherchierten Begriff kennenlernen	ARBEITSBLATT 10 ➤ S. 72
10.5	Sicherung: Quiz durchführen	UG	• Die Informationen anwenden	VORLAGE 10 ➤ S. 70 f.
*10.6 **fakultativ**	Erweiterung: Abwägung, inwiefern die Judenbuche eine Novelle des Biedermeier ist	UG	• Sich aktiv mit Aspekten der Gattungs- und Epochenzugehörigkeit der Judenbuche auseinandersetzen	ARBEITSBLATT 10 ➤ S. 72

Hinweis. Wie in der Sachanalyse geklärt, ist die Zuordnung der *Judenbuche* sowohl zur Gattung der Novelle als auch zur Epoche des Biedermeier nicht unproblematisch und auch nicht final geklärt. Dennoch wird der Text häufig mit den beiden Fachtermini verknüpft und es wird vorausgesetzt, dass diese bearbeitet wurden, wenn der Text in der Klasse behandelt wurde. Im vorliegenden Unterrichtsvorschlag setzen sich die Lernenden mit den beiden Begriffen auseinander, diese werden aber nur lose mit der *Judenbuche* verknüpft. Natürlich kann man hier tiefer einsteigen und die Verortung der Erzählung differenziert erarbeiten. Dies setzt aber bereits einen weiteren literaturtheoretischen Kontext (etwa die Kenntnis einer typischen Novelle, Wissen zu idealtypischer Biedermeierliteratur, Texten der Romantik und des Vormärz, Naturalismus u. a.) voraus, der in der Regel in den anvisierten Jahrgangsstufen nicht zu erwarten ist.

10.1 Vorbereitung: Sich zu den Begriffen »Novelle« oder »Biedermeier« informieren

EA

ARBEITSBLATT 10 ➤ S. 72 Lösungshinweise ➤ S. 89 f. Internetzugang

Unterrichtsschritt. Die Klasse wird in zwei gleich große Gruppen geteilt. Die eine Hälfte bekommt die Aufgabe, ein Infoblatt mit Antworten auf die Fragen von ARBEITSBLATT 10 ***Infoblatt zu »Novelle« und »Biedermeier«***, Arbeitsauftrag Gruppe 1, zur *Novelle* zu erstellen, die andere Hälfte tut dies zum Begriff des *Biedermeier* (Arbeitsauftrag Gruppe 2). Dieser Unterrichtsschritt kann gut als Hausaufgabe der Stunde vorgelagert werden.

Erläuterungen. Die Schülerinnen und Schüler sollen selbständig im Internet recherchieren, es gibt hier viele gut aufbereitete Seiten für die Zielgruppe (vgl. unten). Im Unterricht können dann (auch im Sinn der Förderung von Medienkompetenz) unterschiedliche Ergebnisse abgeglichen werden.

Zum Begriff der »Novelle« eignet sich auch der Informationstext in der Ausgabe der *Judenbuche*, Reclam XL, S. 81 f.

Mögliche Einstiegsseiten im Internet zur Novelle, die von der Lerngruppe gefunden werden können:

- www.kapiert.de/novelle-merkmale
- wortwuchs.net/novelle-merkmale
- learnattack.de/schuelerlexikon/deutsch/novelle
- www.lernhelfer.de/schuelerlexikon/deutsch-abitur/artikel/novelle

Zum Biedermeier:

- www.youtube. com/watch? v=JaBCHbuI1EI
- e-hausaufgaben.de/Referate/D4071-Biedermeier-Epoche-Referat.php
- www.kinderzeitmaschine.de/neuzeit/nationalstaaten/lucys-wissensbox/gesellschaft-alltag/wer-war-gott lieb-biedermaier
- wortwuchs.net/literaturepochen/biedermeier

10.2 Einstieg: Das »Gattungs- und Epochenquiz«

Unterrichtsschritt. Als Impuls zeigt die Lehrkraft die Kopfgrafik von VORLAGE 10 ***Gattungs- und Epochenquiz.*** Sie motiviert die Klasse, sich das Wissen zur Novelle und zum Biedermeier anzueignen, um im Quiz zu bestehen. Wie das Quiz genau abläuft, wird an dieser Stelle noch *nicht* erläutert.

UG

VORLAGE 10

➤ S. 70 f.

10.3 Erarbeitung: Sich zu den Begriffen »Novelle« bzw. »Biedermeier« austauschen

Unterrichtsschritt. Die Schülerinnen und Schüler setzen sich, getrennt nach den Themen, die sie erarbeitet haben, zusammen. Sie vergleichen ihre Infoblätter, gleichen unterschiedliche oder sich widersprechende Informationen ab, auch mit den Fragen auf ARBEITSBLATT 10 – gegebenenfalls mit Unterstützung der Lehrkraft – und einigen sich auf ein gemeinsames »finales« Infoblatt, das sie zusammenstellen (und das von der Lehrperson auf seine Sachrichtigkeit hin überprüft wird).

GA

ARBEITSBLATT 10

➤ S. 72

10.4 Vertiefung: Sich gegenseitig zu den Begriffen informieren

Unterrichtsschritt. Die Schülerinnen und Schüler informieren sich mit den Leitfragen von ARBEITSBLATT 10 im »Kugellager« gegenseitig und tauschen sich über die Begriffe aus.

GA
(Kugellager)

Erläuterungen. Gut geeignet, sich gegenseitig über Inhalte in Kenntnis zu setzen, ist die Methode *Kugellager*:

ARBEITSBLATT 10

➤ S. 72

»Grundidee: Die Schüler sollen mehreren Zufallspartnern über ein abgegrenztes Thema berichten und dabei das freie Reden sowie das Zuhören üben.

Durchführung:

- Es werden zwei Stuhlkreise gebildet: ein Außenkreis und ein Innenkreis. […]
- Die Schüler sitzen sich paarweise gegenüber. (Es sitzen also die Schüler im Innenkreis nach außen gewandt und die Schüler im Außenkreis nach innen gewandt.)
- Nun nennt der Lehrer das Thema.
- Nach einer Besinnungsphase berichten die Schüler im Innenkreis ihren Partnern im Außenkreis, was ihnen zu dem Thema einfällt.
- Nach ca. 2 Min. rücken die Schüler im Innenkreis zwei Plätze weiter nach rechts.
- Jetzt berichten die Schüler im Außenkreis ihren neuen Partnern.
- Die Anzahl der Durchgänge kann je nach Bedarf variiert werden.«

(Zit. nach: https://www.sachsen.schule/~sud/methodenkompendium/module/2/4_5.htm, Stand: 21.1.2021.)

Zunächst sollte der eine Begriff im Mittelpunkt stehen, in einer zweiten Runde dann der andere. Als Leitfaden dienen den Schülern und Schülerinnen, die den Begriff *nicht* erarbeitet hatten, die entsprechenden Fragen von ARBEITSBLATT 10. Sie können ein Leitfaden für die Gespräche sein. Die Lernenden der Gruppe, die den Begriff erarbeitet hatten, können gegebenenfalls auf ihr eigenes oder das gemeinsam erstellte Infoblatt schauen, besser wäre es aber, wenn sie frei dazu sprechen könnten. Eventuell kann man die Infoblätter im Klassenzimmer auslegen, so dass im Zweifelsfall Informationen eingeholt werden können.

10.5 Sicherung: Quiz durchführen

Unterrichtsschritt. Die Lernenden zeigen im »Gattungs- und Epochenquiz« (VORLAGE 10 ***Gattungs- und Epochenquiz***) ihre Kenntnisse.

UG

VORLAGE 10
➤ S. 70 f.

Erläuterungen zur Durchführung des Quiz: Die Klasse wird in die beiden Gruppen aufgeteilt, die die Begriffe jeweils erarbeitet haben. Es wird jede der Gruppen zu dem Begriff befragt, der von ihr *nicht* erarbeitet wurde, also nur durch das Kugellager (Unterrichtschritt 10.4) bekannt ist. Die Infoblätter müssen vor Quizbeginn weggeräumt werden. Die Lehrkraft befragt die Gruppen abwechselnd.

Zuerst wird der Gruppe 1 die Frage 1 (VORLAGE 10 ***Gattungs- und Epochenquiz***) zur Novelle gestellt. Die Lehrperson nennt alle vier Antwortmöglichkeiten. Die Gruppenmitglieder melden sich im Anschluss bei der Antwort, die jeder Einzelne für sich für richtig hält. Eine kurze Absprache kann man ermöglichen, das sollte vorher geklärt werden. Die Antwort mit den meisten Meldungen gilt als gültig. Ist sie korrekt, wird für die Gruppe an der Tafel ein Punkt notiert. Ist sie nicht korrekt, erläutert ein Schüler der anderen Gruppe (die sich ja zu dem Begriff informiert hatte), welche Lösung richtig ist. Es gibt dann keinen Punkt auf die Frage. Dann kommt Gruppe 2 mit Frage 1 zum Biedermeier an die Reihe, usw. Die Gruppe mit den meisten Punkten gewinnt.

VORLAGE 10

Gattungs- und Epochenquiz

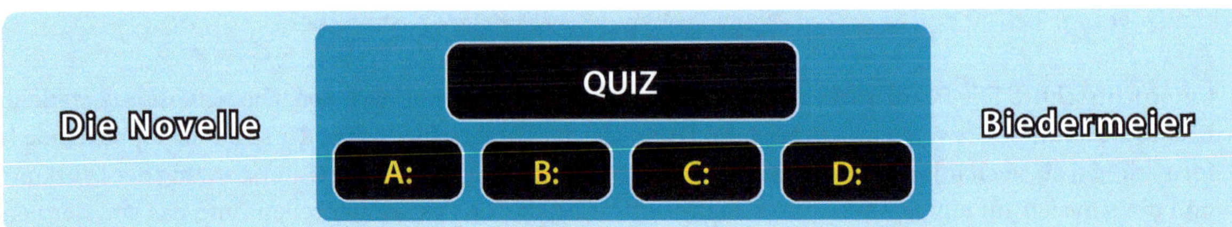

Novelle

1. *Woher kommt das Wort »Novelle«?*

a. vom griechischen *nomo*	**c. vom italienischen *novella***
b. vom lateinischen *velle*	d. vom englischen *novel*

2. *Was ist eine Novelle?*

a. eine Form der Kurzgeschichte	c. eine Form des Romans
b. eine kürzere bis mittellange Erzählung	d. eine lyrische Erzählung

3. *Welches Merkmal hat eine Novelle?*

a. tiefgründige Personenbeschreibungen	c. heitere Erzählaspekte
b. mehrere Handlungsstränge	**d. eine außergewöhnliche Wendung**

4. *Was bedeutet die »Falkentheorie?*

a. der Falke steht exemplarisch für das zentrale Dingsymbol in der Novelle	c. der Falke steht exemplarisch für die Orientierung an der Natur in der Novelle
b. der Falke steht exemplarisch für den Themenkreis der Novelle	d. der Falke steht exemplarisch für die Moral der Novelle

5. *Wie charakterisiert Goethe die Novelle?*

a. als spannungsreiches Geschehen	c. als lehrreiche Charakterzeichnung
b. als unerhörte Begebenheit	d. als mystisches Ereignis

VORLAGE 10 Fortsetzung

Biedermeier

1. *Woher kommt der Begriff »Biedermeier«?*

a. von der literarischen Figur des Dorfschullehrers Gottlieb Biedermaier	c. von dem bekannten Restaurationskünstler Gotthelf Biedermaier
b. von dem berühmtesten Dichter dieser Zeit, Jeremias Biedermaier	d. vom Anführer der politischen Volksbewegung Johannes Biedermaier

2. *Über welchen Zeitraum erstreckt sich die Biedermeierzeit?*

a. Reichsgründung Ottos des Großen bis Wormser Konkordat	**c. Wiener Kongress bis zur Märzrevolution**
b. Reformation bis zum Augsburger Religionsfrieden	d. Dreikaiserjahr bis zum Beginn des Ersten Weltkriegs

3. *Wie sieht die politische Situation zur Biedermeierzeit in Deutschland aus?*

a. eine Revolution ist im Gange	**c. die »alte Ordnung« soll wiederhergestellt werden**
b. es herrscht Krieg	d. die Zeit ist bekannt als »goldene Jahre«

4. *Was charakterisiert die Zeit des Biedermeier?*

a. der Rückzug ins Private	c. die Friedensbewegung
b. das Wirtschaftswunder	d. der Kampf gegen den Protestantismus

5. *Welche literarische Strömung gibt es noch zu der Zeit?*

a. Vormärz	c. Expressionismus
b. Renaissance	d. Postmoderne

10.6 Erweiterung: Abwägung, inwiefern die *Judenbuche* eine Novelle des Biedermeier ist (fakultativ)

Unterrichtsschritt. Die Schülerinnen und Schüler können formulieren, was dafür- bzw. dagegenspricht, dass die Judenbuche eine Novelle des Biedermeier ist. Dabei können die Impulse von ARBEITSBLATT 10 aufgegriffen werden. UG

ARBEITSBLATT 10
➤ S. 72
Lösungshinweise
➤ S. 89 f.

Leitfragen:

- Passt die Definition von *Novelle*, wie auf dem Infoblatt beschrieben, zur *Judenbuche*?
- Besitzt die *Judenbuche* ein »Dingsymbol«, vergleichbar zum Falken aus der Falkentheorie von Paul Heyse?
- Welche der Merkmale der Novelle (vgl. Infoblatt) treffen auf die *Judenbuche* zu? Welche nicht?
- Welche der Charakteristika der Biedermeierliteratur (vgl. Infoblatt) treffen auf die *Judenbuche* zu? Welche nicht?
- Möglicherweise auch: In welcher Hinsicht ist die Autorin Annette von Droste-Hülshoff ein »typisches Kind« der Biedermeierzeit (unter Einbezug der letzten Unterrichtsstunde)?

ARBEITSBLATT 10

Infoblatt zu »Novelle« und »Biedermeier«

Gruppe 1: Arbeitsauftrag

1. Erstellt zur literarischen Gattung der NOVELLE ein Infoblatt!

Es sollte Antworten auf folgende Fragen enthalten:

- Was ist eine Novelle (Definition)?
- Woher kommt der Begriff »Novelle«?
- Wie charakterisiert Johann Wolfgang von Goethe die »Novelle«?
- Welche Merkmale hat eine Novelle?
- Was hat es mit der »Falkentheorie« nach Paul Heyse auf sich?

2. Überlegt: Was spricht dafür, die *Judenbuche* als Novelle zu bezeichnen?

Gruppe 2: Arbeitsauftrag

1. Erstellt zur Literaturepoche des BIEDERMEIER ein Infoblatt!

Es sollte Antworten auf folgende Fragen enthalten:

- Über welchen Zeitraum erstreckt sich die Biedermeierzeit (im Vergleich zu Annette von Droste-Hülshoffs Lebenszeit)?
- Woher kommt der Begriff »Biedermeier«?
- Wie sieht die politische Situation zu der Zeit in Deutschland aus?
- Was charakterisiert die Literatur des Biedermeier?
- Welche weiteren literarischen Strömungen gab es zu der Zeit?

2. Überlegt: Was spricht dagegen, die *Judenbuche* als Text des Biedermeier zu bezeichnen?

11 Die Genrezuordnung »Krimi« beleuchten

Sachanalyse

»Als Mischform kriminalistischen Erzählens lässt sich die Judenbuche in zweierlei Hinsicht verstehen [...]. Sie partizipiert an verschiedenen historischen Typen kriminalliterarischen Erzählens durch die Elemente: Erbauung durch eine Schuld-Sühne-Geschichte, sozialkritische Darlegung krimineller Karrieren, verkürztes Detektivnarrativ [...]. Ferner lassen sich genretypische formale Aspekte nennen: das täterzentrierte ›Whodunit‹, Schauerelemente, damit einhergehend die Ausprägung des Unheimlichen, falsche Fährten (›red herring‹) und Authentizitätstopoi [...]«.[1] Angesichts dieses Potpourris wird bereits deutlich, dass sich in der *Judenbuche* keineswegs »das« klassische Muster findet, wie es etwa bei Edgar Allan Poes Detektiverzählung *Die Morde in der Rue Morgue* sichtbar wird. In diesem Text sieht Günter Lange »[d]ie eigentliche Entstehung der Gattung«[2]. Diese Erzählung wurde 1841 veröffentlicht, im gleichen Jahr, in dem Annette von Droste-Hülshoff die *Judenbuche* fertigstellte. Umso bemerkenswerter ist es, dass sich in der *Judenbuche* viele moderne Gattungsaspekte entdecken lassen:

(1) Es handelt sich um eine Verbrechensgeschichte, bei der der Täter und der Hintergrund der Tat im Mittelpunkt stehen: Das »Sittengemälde« *Judenbuche* zeigt ein Milieu, das durch fortschreitenden ökonomischen und sittlichen Verfall die negative Entwicklung des mutmaßlichen Verbrechers Friedrich Mergel begünstigt und die verschiedenen dargestellten Verbrechen, vom Holzdiebstahl bis hin zum Mord, plausibel erscheinen lässt.

(2) Es finden sich auch Elemente des Thrillers. So wird stellenweise – genretypisch – eine intensive Spannung aufgebaut, die mit Phasen der Entspannung wechselt, wobei insgesamt das Erregungsniveau steigt: Annette von Droste-Hülshoff arbeitet hier vor allem mit beklemmenden Elementen aus der Natur, so etwa dem unheilvollen »Brederholz«, das als Todesort vom Gespenst des Vaters heimgesucht wird, an dem der Jude Aaron ermordet aufgefunden wird und in dem die Judenbuche mit ihrer symbolträchtigen Inschrift zum Galgen für Friedrich wird. Dazu baut sie über die Beschreibung der Elemente – dichtes Schneegestöber, Sturm, Gewitter – immer wieder eine gespenstische Atmosphäre auf, die den Leser, der weiß, dass nun Unheilvolles passiert, in Atem hält.

(3) Auch Aspekte der Detektivgeschichte finden sich: Zwar gibt es in der *Judenbuche* »keinen wirklichen Detektiv. Alle Figuren, die in irgendeiner Form als Detektiv auftreten, wirken ungeschickt«.[3] Dennoch steht das Rätsel um den Mörder Aarons im Raum und wird, nach mehreren falschen Fährten, vom Gutsherrn, der als (recht laienhafter) Sucher nach der Wahrheit am ehesten die Stelle des Detektivs einnehmen könnte, anhand eines Indizes – der Halsnarbe – postum geklärt.

In der Gesamtsicht scheint es also durchaus legitim, die *Judenbuche* als Krimi zu bezeichnen, diese Klassifizierung sollte dann aber auch differenziert erläutert und begründet werden. In der Fachliteratur werden neben der Zuordnung zur Kriminal- und Detektivgeschichte drei weitere Gattungen ins Spiel gebracht, das Sittengemälde, die Milieustudie und die Novelle[4] (vgl. 10. Unterrichtsstunde).

1 Lars Korten, »Die Judenbuche«, in: *Annette von Droste-Hülshoff Handbuch*, hrsg. von Cornelia Blasberg und Jochen Grywatsch, Berlin/Boston 2018, S. 516 f.

2 Günter Lange, »Krimis für Kinder und Jugendliche«, in: *Taschenbuch der Kinder- und Jugendliteratur I*, hrsg. von G. L., Baltmannsweiler 2005, S. 530.

3 Bernd Völkl, *Lektüreschlüssel XL: Annette von Droste-Hülshoff, »Die Judenbuche«*, Stuttgart 2018, S. 44.

4 Vgl. ebd., S. 43.

Unterrichtsverlauf

Überblick. Die Schülerinnen und Schüler wiederholen die Merkmale des Krimis. Sie prüfen die Genrezuordnung kritisch und untermauern eine Stellungnahme anhand von Textstellen, eventuell auch unter Zuhilfenahme einer literaturwissenschaftlichen Expertise. ! **Verkürzter Verlauf: 11.1 – 11.2 – 11.4**

Phase	Thema	Sozialform	Kompetenzen/Lernziele	Materialien
Voraussetzungen: Kenntnis des Gesamttextes				
11.1	Einstieg: Fragestellung: Ist die *Judenbuche* ein Krimi?	UG	• Erste Gedanken zur Zuordnung erörtern • Das Genre »Kriminalgeschichte« wiederholen	ARBEITSBLATT 1 ➤ S. 10 TAFELBILD 11 ➤ S. 75
11.2	Erarbeitung: Den Text auf Inhalt und sprachliche Mittel in Bezug auf das Genre untersuchen	GA / UG	• Textstellen den diversen Gattungsaspekten zuordnen	TAFELBILD 11 ➤ S. 75
*11.3 fakultativ	Vertiefung: Literaturwissenschaftliche Ansätze wahrnehmen	EA	• Literaturwissenschaftliche Stellungnahme lesen	ARBEITSBLATT 11 ➤ S. 77
11.4	Sicherung: Frage nach der Genrezugehörigkeit »Krimi« beantworten	UG	• Zuordnung der Textstellen erörtern und Genrezugehörigkeit kritisch diskutieren	TAFELBILD 11 ➤ S. 75

11.1 Einstieg: Fragestellung: Ist die *Judenbuche* ein Krimi?

UG

ARBEITSBLATT 1 ➤ S. 10

TAFELBILD 11 ➤ S. 75

Unterrichtsschritt. Die Schülerinnen und Schüler wiederholen anhand des ARBEITSBLATTS 1 (1. Stunde, S. 10) die Subgenres des Krimis. Diese werden bereits im TAFELBILD 11 festgehalten. (Das Tafelbild wird im Lauf der Stunde weiter ausgebaut.)

11.2 Erarbeitung: Den Text auf Inhalt und sprachliche Mittel in Bezug auf das Genre untersuchen

GA / UG

TAFELBILD 11 ➤ S. 75

Unterrichtsschritt. In arbeitsteiliger Gruppenarbeit (den Subgenres entsprechend) suchen die Schülerinnen und Schüler Textstellen, die auf das jeweilige Subgenre Verbrechensgeschichte – Thriller – Detektivgeschichte hinweisen. Die Stellen werden im TAFELBILD 11 ergänzt.

Erläuterungen. Wie in der Sachanalyse dargestellt, finden sich alle drei Subgenres in der Erzählung. Am stärksten kommt die Verbrechensgeschichte zum Tragen. Hier ist es vor allem die ausführliche Darstellung der Lebensumstände des Täters Friedrich Mergel, verknüpft mit den drei zentralen Verbrechen – dem Holzfrevel, v. a. durch die »Blaukittel«, dem Mord an Förster Brandis und dem Mord an dem Juden Aaron – die für das Subgenre sprechen. Auf einen Thriller weist die Gestaltung der »Schicksalsnächte« hin, die in kontinuierlicher Reihenfolge das Geschehen prägen und einen Spannungsbogen erzeugen. Besonders die vielen Naturphänomene, die eine bedrückende und bedrohliche Atmosphäre schaffen, sind hier bemerkenswert. Die Detektivgeschichte, mit dem Gutsherrn als Detektiv, findet sich in der Suche nach der Lösung der Verbrechen mittels Verhör von Verdächtigen und Zeugen, Fragen nach Alibis oder der Interpretation von Indizien. Auch einige fragwürdige Spuren (*red herrings*) wie das Doppelgängermotiv oder ein durchaus fragwürdiges Geständnis werden gelegt. Typisch für die Detektivgeschichte ist die überraschende Lösung am Schluss.

TAFELBILD 11

Die *Judenbuche* – eine »Criminalgeschichte«?

Verbrechensgeschichte:

Entwicklung des Täters Friedrich Mergel im Mittelpunkt:

- Geburt in belastete Familiensituation (S. 3–8)
- Schwierige familiäre Verhältnisse:
  - Vater als Säufer (S. 6), früher Tod des Vaters, Verunglimpfung zur Spukgestalt (S. 8 f.)
  - Mutter zutiefst unglücklich, geistige Verelendung (S. 35, S. 50)
  - Krimineller Onkel Simon Semmler, der ihn »dieselben Wege« leiten will (S. 35)
- Schwierige soziale Verhältnisse:
  - Geographisch isoliertes Heimatdorf B. mit »wildem« Recht (S. 4 f.)
  - Materielle Armut (S. 5 f.)
  - Außenseiter in der Dorfgemeinschaft
- Negative Entwicklung der Persönlichkeitsstruktur:
  - Seine Eigenschaften: »Leichtsinn, Erregbarkeit, Hochmut«; gewöhnt zu »prunken« (S. 35)

Verübte Verbrechen:
In alle Verbrechen ist Friedrich verstrickt, teilw. bleibt jedoch unklar, in welchem Ausmaß:

- Holzfrevel v. a. durch die »Blaukittel«
- Mord an Förster Brandis
- Mord am Juden Aaron

Thriller:

Spannungsgeladene Atmosphäre über die Beschreibung von Naturphänomenen

1. Schicksalsnacht: der Tod von Friedrichs Vater
   - Dichtes Schneegestöber, Sturm (S. 8)
2. Schicksalsnacht: Friedrich tritt in den Dienst des skrupellosen Onkels
   - Zerstörte Waldlandschaft im Mondschein (S. 16)
3. Schicksalsnacht: Friedrich schickt Brandis in den Tod
   - Waldschlucht, dumpfe, krachende Schläge (S. 24)
4. Schicksalsnacht: Das Ende der Hochzeit / Mord an Aaron
   - Gespenstererscheinung im Brederholz (S. 40)

Alles kommt ans Licht: Leiche in der Buche

Detektivgeschichte:

Detektiv: Gutsherr (und/oder Leser?)

Suche nach der Lösung mittels

- Verhör von Verdächtigen und Zeugen (S. 30 ff., S. 47)
- Frage nach einem Alibi (S. 32)
- Interpretation von Indizien (S. 57)

Fragwürdige Spuren:

- Doppelgängermotiv (S. 17 f.)
- Fragwürdiges Geständnis (S. 46 f.)

Überraschende Lösung am Schluss

*11.3 Vertiefung: Literaturwissenschaftliche Ansätze wahrnehmen

EA

ARBEITSBLATT 11
➤ S. 77

Unterrichtsschritt. Schnelle Gruppen können erweiternd die Stellungnahme des Literaturwissenschaftlers Heinrich Henel lesen, der den interessanten Aspekt ins Spiel bringt, die Autorin hätte bereits den Leser als Detektiv ausersehen (ARBEITSBLATT 11 ***Die »Judenbuche« – eine Detektivgeschichte?***, Text auch in der Ausgabe Reclam XL, S. 91 f.). Auch dieser Aspekt kann im TAFELBILD 11 ergänzt werden.

11.4 Sicherung: Frage nach der Genrezugehörigkeit »Krimi« beantworten

UG

TAFELBILD 11

➤ S. 75

Unterrichtsschritt. Abschließend wird das TAFELBILD 11 betrachtet und die Zugehörigkeit der *Judenbuche* zum Genre Krimi erörtert. Im Mittelpunkt sollten die vielfältigen Facetten stehen, die sich bei Annette von Droste-Hülshoff zu einem Zeitpunkt finden, zu dem der »Krimi« gerade erst erfunden wird.

Die *Judenbuche* – eine Detektivgeschichte?

Der Literaturwissenschaftler Heinrich Henel untersucht, ob es sich bei der *Judenbuche* um eine Detektivgeschichte handelt:

»Was ›Die Judenbuche‹ angeht, so trägt nur der erste Teil einige Züge der Kriminalgeschichte. Aufschlußreicher, schon für den ersten und noch mehr für den zweiten Teil, ist die Verwandtschaft mit der Detektivgeschichte. Wie in dieser werden unzusammenhängende Tatsachen in stückhafter Weise mitgeteilt, und das entscheidende Indiz wird bis zum Ende aufgespart.

Die strukturelle Ähnlichkeit zwischen der ›Judenbuche‹ und der Detektivgeschichte hebt nun aber auch die Unterschiede sehr deutlich hervor. In der Detektivgeschichte werden dem Detektiv allmählich alle die Tatsachen in die Hände gespielt, die einen lückenlosen Beweis ermöglichen und andersartige Vermutungen entkräften. In der ›Judenbuche‹ dagegen gibt es keinen Detektiv oder nur höchst ungeschickte und hilflose Detektive, und die erreichbaren Tatsachen sind lückenhaft, vieldeutig, oft sogar unzuverlässig – bloße Gerüchte oder Vermutungen der Zeugen. Die Aufgabe des Detektivs ist gewissermaßen auf den Leser übertragen, aber während jenem ein lösbares Rätsel gestellt ist, steht dieser vor einem unlösbaren. In der Detektivgeschichte ist der Indizienbeweis bloß Mittel zur Erzeugung von Spannung; in der ›Judenbuche‹ wird er zum eigentlichen Gegenstand der Erzählung, indem seine Zuverlässigkeit erprobt wird und indem er versagt. Die Droste, so könnte man sagen, hat ernst gemacht mit der Detektivgeschichte, denn während der Erzähler eines Detektivromans alles nötige Wissen besitzt und es nur zurückhält und allmählich von sich gibt, bekennt der Erzähler der ›Judenbuche‹ sein echtes Unwissen. Der Detektivroman ist realistische Literatur, ›Die Judenbuche‹ erdichtete Wirklichkeit.«

Heinrich Henel: Annette von Droste-Hülshoff. Erzählstil und Wirklichkeit. In: Festschrift für Bernhard Blume. Aufsätze zur deutschen und europäischen Literatur. Göttingen: Vandenhoeck & Ruprecht, 1967. S. 151 f.

Arbeitsaufträge:

1. Was spricht nach Henel für und gegen die Bezeichnung der *Judenbuche* als Detektivgeschichte?
2. Wer ist eigentlich der Detektiv?

12 Klausurvorschläge mit Lösungshinweisen: Eine Charakterisierung einer zentralen Figur verfassen

Im Lauf der »Cold Case«-Ermittlung werden zentrale Figuren bereits genau und textnah untersucht. Es bietet sich an, diese Arbeit als Basis für eine Personencharakterisierung zu nutzen. Es lässt sich hier sehr solide und konventionell anhand eines vorher erarbeiteten und an überprüfbaren Kriterien orientierten Erwartungshorizonts eine individuelle Leistungsermittlung durchführen.

Exkurs. Die kreative Schreibaufgabe auf ARBEITSBLATT 8c bietet diese Möglichkeit auch, muss aber dann in der Vorarbeit eng geführt (d. h. an vorher erarbeitete Kriterien angebunden) und in der Schule unter überprüfbaren Bedingungen durchgeführt werden. Sie wird jedoch für die Lernenden attraktiver, wenn man viele Freiheiten für individuelle Kreativität bei der Umsetzung lässt, einen größeren Zeitrahmen gibt und häusliche Arbeit sowie Teamarbeit ermöglicht. Eine Note darauf spiegelt dann mehr die Wertschätzung der kreativen Ideen und der geleisteten Arbeit und bezieht mit ein, dass verschiedene Entstehungsvariablen weniger objektiv überprüfbar sind.

Die Merkmale einer Charakterisierung und eine mögliche Gliederung sollten im Vorfeld erarbeitet werden:

Gliederung

1. Einleitung
2. Hauptteil
   - 2.1 Außensicht der Figur
     - äußeres Erscheinungsbild
     - das soziale Umfeld
     - Verhalten in öffentlichen und sozialen Kontexten
   - 2.2 Innensicht der Figur
     - Einstellungen, Gefühle, Motivationen, Handlungsweisen
     - Entwicklungen der Person
     - Auswirkungen auf den Verlauf der Geschichte
     - Bedeutung der Person für den Text
3. Schluss

Die erste Klausuraufgabe (12.1) ist als Übungsaufgabe gedacht. Gemäß den Forschungen zum Schreibprozess sollen die Schülerinnen und Schüler den Text zunächst planen. Dazu markieren sie wichtige Textstellen, ordnen sie den einzelnen Gliederungspunkten zu und vergleichen ihre Arbeit mit dem Partner oder in der Gruppe. Nach dem Verfassen des Erstentwurfs können die Lernenden ihren eigenen Text – gegebenenfalls auch wieder in Partner- oder Gruppenarbeit – korrigieren und überarbeiten. Dazu dient die »Checkliste für eine Überarbeitung«.

Sollte die Aufgabe als Prüfungsaufgabe gestellt werden, kann die Checkliste auch als Erwartungshorizont dienen. Wie der Aufgabentyp ausformuliert gestaltet werden könnte, wird bei Vorschlag 12.2 vorgestellt.

12.1 Figurencharakterisierung des Simon Semmler

Klausuraufgabe

Charakterisierung der Figur des Simon Semmler aus der Erzählung *Die Judenbuche* von Annette von Droste-Hülshoff.

Checkliste für eine Überarbeitung

1 Einleitung

- Titel des Werkes: *Die Judenbuche*
- Autorin: Annette von Droste-Hülshoff
- Textsorte: Erzählung, Novelle, Krimi …
- Erscheinungsdatum: 1842
- Kernthema der Geschichte (zwei bis drei Sätze)
- Hinführung zum Hauptteil (ein Satz)

2 Hauptteil

2.1 Außensicht der Figur

- äußeres Erscheinungsbild
  - Simon Semmler ist der Onkel Friedrich Mergels, der jüngere Bruder seiner Mutter (S. 12)
  - ein kleiner, unruhiger, magerer Mann mit vor dem Kopf liegenden Fischaugen und einem Gesicht wie ein Hecht (S. 12)
  - seine Haare sind »rötliche Bürsten« (S. 13)
  - er zeigt ein forsches Auftreten, »während ihm die Schöße des roten Rocks wie Feuerflammen nachzogen« (S. 14)
  - er lebt in Brede und besitzt dort eines der besseren Häuser, die aus Ziegelsteinen gebaut sind (S. 16)
- das soziale Umfeld
  - er ist Junggeselle und eventuell Vater des Johannes Niemand, der bei ihm als Schweinehirt arbeitet
  - vermutlich ist er Chef der verbrecherischen Blaukittel (vgl. z. B. S. 34)
  - gilt als ein fataler, Händel (= Streit) suchender Kerl (S. 12)
- Verhalten in öffentlichen und sozialen Kontexten
  - er verhält sich so, dass man ihm lieber aus dem Weg geht (S. 12)
  - seinen (vermutlichen) unehelichen Sohn erkennt er nicht an und lässt ihn hungern (S. 19)
  - von seiner Schwester hält er sich während ihrer Ehe fern (S. 12)
  - er behandelt Margreth sehr unfreundlich (S. 12 f.)
  - er lügt, z. B. behauptet er Friedrich gegenüber, er habe dessen Vater sehr lieb gehabt (S. 16), obwohl er sich nie bei ihm hatte blicken lassen
  - er verhält sich negativ gegenüber dem christlichen Glauben, z. B. macht er sich darüber lustig, dass Friedrich »fromm« sei (S. 12), und hält ihn von der Beichte ab (S. 33 f.)
  - er nutzt seine Neffen für seine Zwecke (aus)

2.2 Innensicht der Figur

- Einstellungen, Gefühle, Motivationen, Handlungsweisen
  - er scheint sich selbst für attraktiv zu halten: »ich werde alle Tage schöner« (S. 13)
  - bei ihm wechseln »dicktuende Verschlossenheit oft mit ebenso gesuchter Treuherzigkeit« (S. 12)
  - er wäre gerne ein »aufgeklärter Kopf« (S. 12)
  - er tut alles, um Friedrich auf dieselben Wege zu leiten, die er geht (S. 35)
- Entwicklungen der Person
  - anfangs wohlhabend, mit einem schönen Haus (S. 16)
  - als vermuteter Chef der Blaukittel wohl auch einflussreich
  - stirbt völlig verarmt (S. 50)
  - sein negativer, »böser« Charakter verändert sich nicht
- Auswirkungen auf den Verlauf der Geschichte
  - Simon wird als teuflischer Versucher gezeichnet, der Friedrich gezielt auf falsche Wege führt. Ein Wendepunkt der Geschichte ist der Moment, als Friedrich zur Beichte gehen will und von seinem Onkel abgehalten wird (S. 34). Danach gibt es für ihn kein Zurück mehr.

- Bedeutung der Person für den Text
  - Simon verkörpert das Böse, dem die Hauptperson Friedrich schließlich erliegt. Insofern hat er einen wesentlichen Anteil am Geschehen.

3 Schluss

- Kurze Zusammenfassung, eventuell das Wesentliche noch einmal hervorheben

Überprüfung

- Ist der gesamte Text im Präsens verfasst?
- Werden Aussagen mit Textstellen belegt?
- Stimmt die Rechtschreibung?
- Achtet auf die Grammatik und den Stil! – Stimmt der Satzbau? Passen die Ausdrücke? Werden Wiederholungen vermieden?

12.2 Figurencharakterisierung der Margreth Mergel

Klausuraufgabe

Charakterisierung der Figur der Margreth Mergel aus der Erzählung *Die Judenbuche* von Annette von Droste-Hülshoff.

Lösungsvorschlag

1 Einleitung

Die 1842 veröffentlichte Novelle bzw. »Criminalgeschichte« *Die Judenbuche* von Annette von Droste-Hülshoff erzählt die Geschichte von unaufgeklärten Morden in dem abgelegenen Dorf B. in Westfalen. Im Mittelpunkt steht Friedrich Mergel, der darin auf undurchsichtige Weise verstrickt ist. Im Folgenden soll seine Mutter Margreth Mergel und ihre Rolle am Geschehen genauer charakterisiert werden.

2 Hauptteil

2.1 Außensicht der Figur

Margreth Mergel, geb. Semmler, ist die zweite Frau von Hermann Mergel und die Mutter der Hauptfigur Friedrich. Zu Beginn der Handlung ist sie etwa 40 Jahre alt (S. 6) und wird zunächst als »eine brave, anständige Person« (ebd.) beschrieben. Sie ist sehr fromm und betet jeden Tag zwei Rosenkränze (S. 15). Als junge Frau war Margreth die »Dorfschönheit« (S. 6), und auch als reifere Frau hat sie als schlaue, nicht zu arme (S. 7), ehrbare Frau einen guten Ruf. Sie heiratet, um nicht als alte Jungfer zu sterben (ebd.).

Im Dorf B. lebt sie dann mit ihrem Mann in einem bescheidenen, zunehmend heruntergekommenen Haus. Nachdem die Ehe anfangs gut geht, trinkt ihr Mann, der als – zunächst »ordentlicher« – »Säufer« (S. 6 f.) bezeichnet wird, wieder mehr und schlägt sie. Sie ist jedoch bemüht, das äußere Erscheinungsbild zu wahren (ebd.). Nach zehn Ehejahren wird sie zur Witwe (S. 10).

Ihr einziger noch lebender Verwandter ist ihr jüngerer Bruder Simon (mit zweifelhaftem Ruf), der in Brede lebt (S. 12). Mit zwölf Jahren wird Friedrich von diesem Onkel adoptiert, was sie zwiespältig sieht, da auf der einen Seite das Geld, das Friedrich bei Simon verdient, sehr gelegen kommt (S. 20), andererseits die Befürchtung im Raum steht, der Bruder könne »gottlos« (ebd.) sein. Nachdem ihr Sohn zehn Jahre später des Mordes beschuldigt wird und flieht, verfällt sie in völlige »Geistesdumpfheit« (S. 50). Der Gutsherr alimentiert sie jedoch bis zum Schluss, »als ihr kümmerlicher Zustand in völlige Abzehrung übergegangen war« (ebd.).

2.2 Innensicht der Figur

Anfangs wird Margreth als sehr selbstsichere Persönlichkeit dargestellt, die souverän mit dem Alkoholproblem ihres Zukünftigen umgeht, wenn sie ihre Meinung, dass eine schlecht behandelte Frau selbst an diesem Gebaren Schuld habe, mit den Worten äußert: »Eine Frau, die von ihrem Manne übel behandelt wird, ist dumm oder taugt nichts« (S. 7). Trotzdem kann sie sich nicht dagegen wehren, dass sie von ihm geschlagen wird (ebd.). Vermutlich deshalb ist Margreth nicht glücklich, als im zweiten Ehejahr der gemeinsame Sohn Friedrich geboren wird, sie »soll sehr geweint haben, als man ihr das Kind reichte« (ebd.). Doch obwohl mehrfach beschrieben wird, wie sie hart und böse mit dem Jungen spricht, ihn beschimpft und ihm Angst macht (S. 8), liebt sie ihn (S. 21).

Margreth wird durch die häusliche Gewalt regelrecht gebrochen. In der Todesnacht ihres Mannes zeigt sie sich feindselig, möglicherweise hat sie ihn auch ausgesperrt und ist so an seinem Erfrieren mitschuldig (S. 8 f.). Ihr Sohn ist zu diesem Zeitpunkt neun Jahre alt und erfährt von ihr auf der einen Seite eine streng religiöse Erziehung, lernt andererseits aber auch klare Vorurteile gegenüber Juden und eine eher laxe Einstellung zum Holzdiebstahl und zur Wilderei kennen (S. 10 f.).

Auch nach dem Tod des Ehemannes erholt sie sich nicht, kränkelt, wird immer abgestumpfter und scheitert zunehmend in ihrer Bemühung, das vaterlose Kind anständig aufzuziehen. Daher nimmt die »kränkliche Witwe« (S. 14) die Hilfe des Bruders bei der Erziehung von Friedrich ergeben an, die diesen erkennbar ins Übel führt. Als Friedrich sich später weiterentwickelt und zu einem angesehenen Jungen im Dorf wird, ist Margreth stolz auf ihn (S. 21). Der Junge entwickelt sich jedoch von ihr fort, gewöhnt sich an »zu prunken, während seine Mutter darbte« (S. 35), was dazu führt, dass Margreth immer stiller wird und mehr und mehr herunterkommt – sie zeigt sich »scheu, saumselig und sogar unordentlich« (ebd.), bis sie endlich – nach Friedrichs Flucht – in besagte »Geistesdumpfheit« (S. 50) verfällt.

Insgesamt ist Margreth Mergel eine wichtige Figur, wenn es darum geht, den Werdegang der Hauptperson Friedrich zu charakterisieren. Sie vermittelt ihrem Sohn zweifelhafte Wertvorstellungen und setzt Juden und Förster herab, was nicht ohne Folgen bleibt. In der Todesnacht von Friedrichs Vater spielt sie eine Rolle, die dazu beiträgt, den hilflosen Jungen noch mehr zu verängstigen, was zu einer Traumatisierung Friedrichs führt. Und schließlich übergibt sie den Sohn dem diabolischen Simon Semmler, der ihn letztendlich auf den falschen Weg bringt.

Schluss

Margreth Mergel ist ein Opfer: ihres Hochmuts, der sie zu einer falschen Lebensentscheidung führt, nämlich der Hochzeit mit Hermann Mergel; ihres gewalttätigen Mannes, der sie körperlich und seelisch bricht; ihres verschlagenen Bruders, der nur seine (verbrecherischen) Eigeninteressen im Blick hat; und ihres eigensinnigen Sohnes, dem es egoistisch darum geht, »zu prunken« (S. 35), ohne sich um die eigene Mutter zu kümmern. Sie lässt sich ihr Schicksal aus der Hand nehmen und wird dafür bestraft, stirbt verarmt und zerrüttet.

Lösungshinweise zu den Arbeitsblättern

Lösungshinweise zu ARBEITSBLATT 1 (➤ S. 10)

Die Kriminalerzählung

Verbrechensgeschichte

Definition: *Der Täter und sein Verbrechen stehen im Mittelpunkt der Erzählung.*

Beispiele: »Oliver Twist« von Charles Dickens

Aufbau: Täter ⇒ Motiv ⇒ Tat ⇒ Aufklärung ⇒ Lösung

Was erfährt man über den Täter? Lebensgeschichte, Einblicke in die Psyche, das Umfeld des Täters

Was erfährt man über das Verbrechen? Entstehungsgeschichte aus einer Motivlage des Täters und dem Einwirken der Umwelt

Thriller

Definition: *Spannung und Nervenkitzel stehen im Mittelpunkt der Erzählung.*

Beispiele: M. de Vries: »Wer sich umdreht oder lacht«, A. Horowitz: »Alex Rider«

Aufbau: Kriminelles/gefährliches Ereignis ⇒ Kontrahenten (gut/böse) bedrohen/bekämpfen sich ⇒ (meist) Überwältigung des Bösen

Mit welchen Mitteln wird Spannung/Nervenkitzel erzeugt? Z.B. wachsende Bedrohung der Hauptfigur, verschiedenen Handlungsstränge und Cliffhanger, Darstellung unheilschwangerer Szenerien

Im Thriller geht es um ein Gefühl ständiger Bedrohung. Wie wird das hergestellt? Z.B. weiß der Leser mehr als die Hauptfigur und ahnt oft kommende Katastrophen schon.

Detektivgeschichte

Definition: (I) *Ein(e) Detektiv(bande) und ihre Arbeit* oder (II) *die Lösung des Verbrechens (als Rätsel) steht im Mittelpunkt der Erzählung.*

Beispiele: Astrid Lindgren: »Kalle Blomquist«, Enid Blyton: »Geheimnis um …«

Aufbau: Tat ⇒ Aufklärung ⇒ Täter/Motiv ⇒ Lösung

Was erfährt man über den/die Detektiv/e? Persönliche Eigenarten, klare Rollenverteilungen in den Banden

Was erfährt man über die Detektivarbeit? Schrittweise werden Hinweise auf die Lösung des verbrecherischen Rätsels entdeckt

Wie werden falsche Spuren (*red herrings*) gelegt? z.B. Helferfigur/ spez. Mitglied der Bande äußert Vermutungen, kryptische Äußerungen des Detektivs

Wie löst der Detektiv das Rätsel schließlich auf? Brillante Schlussfolgerungen am Ende des Buchs, meist in Gegenwart der Polizei

Lösungshinweise zu ARBEITSBLATT 2 (➤ S. 15)

Inhaltsangaben der *Judenbuche*

Im westfälischen Dorf Anthausen **(richtig: B., vgl. S. 3)** lebt Friedrich Mergel, Sohn des Säufers Hermann Mergel und der frommen Margreth Mergel. Als Friedrich sieben **(richtig: neun, vgl. S. 8)** Jahre alt ist, wird sein Vater erschossen **(richtig: erfroren, d. h. »blau und fürchterlich«, vgl. S. 11)** im nahe gelegenen Brederholz aufgefunden. Friedrichs Onkel, der Chef einer Bande von Holzfrevlern ist, adoptiert ihn und beeinflusst den bis dahin eher verträumten Jungen zum Negativen. Dort freundet sich Friedrich auch mit dem unehelichen Johannes Niemand an, der fast ein Doppelgänger von ihm ist. Als die Holzfrevler-Bande wieder ihr Unwesen treibt, wird sie vom Oberförster Brandis verfolgt, den Friedrich wissentlich in die falsche Richtung und damit in den Tod schickt. Friedrich wird des Mordes verdächtigt, kann aber mit Hilfe eines Alibis seine Unschuld beweisen. Jahre später wird Friedrich bei einer Beerdigung **(richtig: Hochzeit, vgl. S. 36 ff.)** von dem Juden Aaron öffentlich gemahnt, seine Schulden für eine silberne Uhr zu begleichen, was ihn sehr beschämt. Kurz darauf wird der Jude unter einer Buche im Brederholz erschlagen, Friedrich und mit ihm Johannes Niemand fliehen. Zunächst gilt Friedrich im Dorf als der Judenmörder, später gesteht jedoch ein anderer Jude die Tat.

Johannes Niemand kehrt 28 Jahre später als gebrochener alter Mann ins Dorf zurück, wo man ihn aufnimmt. Er wird erhängt in der Buche gefunden, in die die jüdische Gemeinde die Inschrift »Wenn du dich diesem Orte nahest, so wird es dir ergehen, wie du mir getan hast.« hat schlagen lassen. Als er abgeschnitten wird, meint ihn der Gutsherr (der sich schon öfter irrte?) anhand eines Muttermals **(richtig: einer Narbe, vgl. S. 57)** als Friedrich Mergel zu erkennen. Es ist unwahrscheinlich, dass der gebrechliche alte Mann die Kraft hatte, sich selbst zu hängen – das Ende bleibt also offen.

Die 1842 veröffentlichte Novelle erzählt die Geschichte von unaufgeklärten Morden in einem abgelegenen Dorf im 20. **(richtig: 18.; vgl. S. 3)** Jahrhundert. Im Mittelpunkt steht Friedrich Mergel, der darin auf undurchsichtige Weise verstrickt ist.

In der *Judenbuche* von Annette von Droste-Hülshoff geht es um einen Mann, Friedrich Mergel. Er hatte eine schlimme Kindheit. Nach dem Tod des Vaters, den die Mutter bei Schneegestöber nicht ins Haus ließ, wurde er von seinem Onkel adoptiert. Bei ihm musste er zwar viel arbeiten, aber er machte aus ihm einen selbstbewussten Jungen. Im Dorf wurde er abgelehnt, er hat nur einen guten Freund, Johannes Niemand. Als der Jude Aaron erhängt in einer Buche **(richtig: erschlagen unter der Buche, vgl. S. 41)** gefunden wurde, wurde Friedrich verdächtigt, weil er vorher von ihm wegen Geld um eine silberne Taschenuhr vor vielen Leuten gedemütigt wurde. Friedrich verschwand mit seinem Freund Johannes. Er kehrte nach 28 Jahren unter dem Namen seines Freundes wieder zurück. Er erhängte sich an der gleichen Buche, an der Aaron gefunden wurde.

Cold-Cases-Team

Auswertung 1: Örtlichkeiten

Was lässt sich über die sechs mit Nummern versehenen Orte in der Erzählung herausfinden?

1. S. 3, 4, 23, 46: zentraler Ort der Geschichte, Heimat von Friedrich Mergel, bedingt durch seine geographische Lage die Verbrechen
2. Masterholz S. 31, Brederholz S. 14, 15, 40, 42, 46, 54, 55, 56: unheimlicher Wald, Heimstatt des Bösen, Schauplatz aller Morde
3. S. 12, 16: Wohnort des Onkels Simon Semmle
4. S. 11: Teich, an dem Hermann Mergel als Gespenst (»Irrlicht«) erscheint
5. von der Breder Höhe S. 48: Richtung, aus der der alte gebrochene Mann kommt
6. S. 13: Gegend, in der Friedrich seine Kühe hütet

Lösungshinweise zu ARBEITSBLATT 5 (➤ S. 31)

1. Erstelle eine Übersicht über die bekannten Fakten zu Friedrich Mergels Leben mit Hilfe der Zeitleiste!

Zeitleiste zu Friedrich Mergels Lebenslauf – Fakten:

1740 | 1750 | 1760 | 1770 | 1780

- **1738**: Friedrich wird geboren.
- **1747**: Friedrich ist 9 Jahre. Der Vater stirbt.
- **1750**: Friedrich ist 12 Jahre. Onkel Simon Semmler adoptiert ihn.
- **1756**: Friedrich ist 18 Jahre. Er schickt Förster Brandis zur Buche – Brandis wird ermordet.
- **1760**: Friedrich ist 22 Jahre. Er wird auf einer Hochzeit wegen seiner Uhr gedemütigt. Der Jude Aaron wird ermordet, Friedrich flieht ins Ausland.
- **1788**: ? Friedrich (oder Johannes Niemand) ist 50 Jahre. Er kehrt gebrochen aus der Sklaverei zurück. Er erhängt sich an der Buche.

2. a) Was lässt sich über seine charakterliche Entwicklung herausfinden? Lest an den angegebenen Textstellen nach und fasst knapp zusammen:

- als kleineres Kind (S. 7–11)
  unerwünschtes Baby (S. 7), gute körperliche Entwicklung (S. 7), Trauma durch Tod des Vaters, Außenseiter im Dorf (S. 11).
- nachdem sein Onkel Simon ihn adoptiert hat (S. 11–13; S. 21–22; S. 33–35, Z. 12)
  große Familienähnlichkeit zum Onkel (S. 14), hilft ihm bei seinen Verbrechen (S. 35), er tritt fest auf, beachtet sein Äußeres, gilt als hübscher, gewandter Bursche (S. 21), er gewöhnt sich an zu prunken (S. 35).
- als junger Mann im Dorf (S. 35, Z. 13 – S. 39)
  sehr empfindliches Ehrgefühl (S. 35), wird von manchen missbilligt und kämpft tückisch um Anerkennung (S. 35), ist ein Mensch, an dem niemand Freude haben kann (S. 35).

Cold-Cases-Team

Auswertung: Wie zuverlässig ist Zeuge N.?

Beschreibung	Bericht	Szenisch-dialogische Darstellung (»Filmausschnitt«)

… im Dorfe B., das, so schlecht gebaut und rauchig es sein mag, doch das Auge jedes Reisenden fesselt durch die überaus malerische Schönheit seiner Lage in der grünen Waldschlucht eines bedeutenden und geschichtlich merkwürdigen Gebirges … (S. 3)

Die Wirtschaft verfiel; fremde Mägde brachten Schimpf und Schaden; so verging Jahr auf Jahr. Mergel war und blieb ein verlegener und zuletzt ziemlich armseliger Witwer, bis er mit einem Male wieder als Bräutigam auftrat. (S. 6)

»Mutter, kommt der Vater heute nicht?«, fragte er. – »Nein, Kind, morgen.« – »Aber warum nicht, Mutter? er hat's doch versprochen.« – »Ach Gott, wenn der Alles hielte, was er verspricht! Mach, mach voran, dass du fertig wirst!« (S. 8)

Friedrich hatte seinen Vater auf dem Stroh gesehen, wo er, wie man sagt, blau und fürchterlich ausgesehen haben soll. Aber davon erzählte er nie und schien ungern daran zu denken. (S. 11)

»Simon, bist du da?«, sagte sie und zitterte, dass sie sich am Stuhle halten musste. »Willst du sehen, wie es mir geht und meinem schmutzigen Jungen?« – Simon betrachtete sie ernst und reichte ihr die Hand: »Du bist alt geworden, Margreth!« (S. 12)

Diese letzten Worte wurden unter dem Schirme einer weiten Buche gesprochen, die den Eingang der Schlucht überwölbte. Es war jetzt ganz finster; das erste Mondviertel stand am Himmel, aber seine schwachen Schimmer dienten nur dazu, den Gegenständen, die sie zuweilen durch eine Lücke der Zweige berührten, ein fremdartiges Ansehen zu geben. (S. 15)

In seinem achtzehnten Jahre hatte Friedrich sich bereits einen bedeutenden Ruf in der jungen Dorfwelt gesichert, durch den Ausgang einer Wette, in Folge deren er einen erlegten Eber über zwei Meilen weit auf seinem Rücken trug, ohne abzusetzen. (S. 21)

»Friedrich, stell dich nicht an wie ein Narr! Du kennst mich und du verstehst mich auch!« – Ein Blick begleitete diese Worte, der schnell wirkte. – »Herr Brandis, denkt an meine Mutter!« – »Das tu ich. Hast du nichts im Walde gehört?« – »Im Walde?« (S. 25)

Um Mittag saß Frau Margreth am Herd und kochte Tee. – Friedrich war krank heimgekommen, er klagte über heftige Kopfschmerzen und hatte auf ihre besorgte Nachfrage erzählt, wie er sich schwer geärgert über den Förster … (S. 27)

»Um Gotteswillen! brennt es?«, rief Frau von S. und sank mit dem Gesichte auf den Stuhl. Die Türe ward aufgerissen und herein stürzte die Frau des Juden Aaron, bleich wie der Tod, das Haar wild um den Kopf, von Regen triefend. Sie warf sich vor dem Gutsherrn auf die Knie. »Gerechtigkeit!«, rief sie, »Gerechtigkeit! mein Mann ist erschlagen!« und sank ohnmächtig zusammen. (S. 41)

Die Untersuchung war kurz, gewaltsamer Tod erwiesen, der vermutliche Täter entflohen, die Anzeigen gegen ihn zwar gravierend, doch ohne persönliches Geständnis nicht beweisend, seine Flucht allerdings sehr verdächtig. So musste die gerichtliche Verhandlung ohne genügenden Erfolg geschlossen werden. (S. 45)

Totenbleich kam er auf dem Schlosse an: in der Judenbuche hänge ein Mensch; er habe die Beine gerade über seinem Gesichte hängen sehen. – »Und du hast ihn nicht abgeschnitten, Esel?«, rief der Baron. – »Herr«, keuchte Brandis, »wenn Ew. Gnaden da gewesen wären, so wüssten Sie wohl, dass der Mensch nicht mehr lebt. Ich glaubte anfangs, es seien die Pilze.« (S. 57)

Lösungshinweise zu ARBEITSBLATT 6b (➤ S. 39)

Cold-Cases-Team

Auswertung: Wie ist der Text arrangiert?

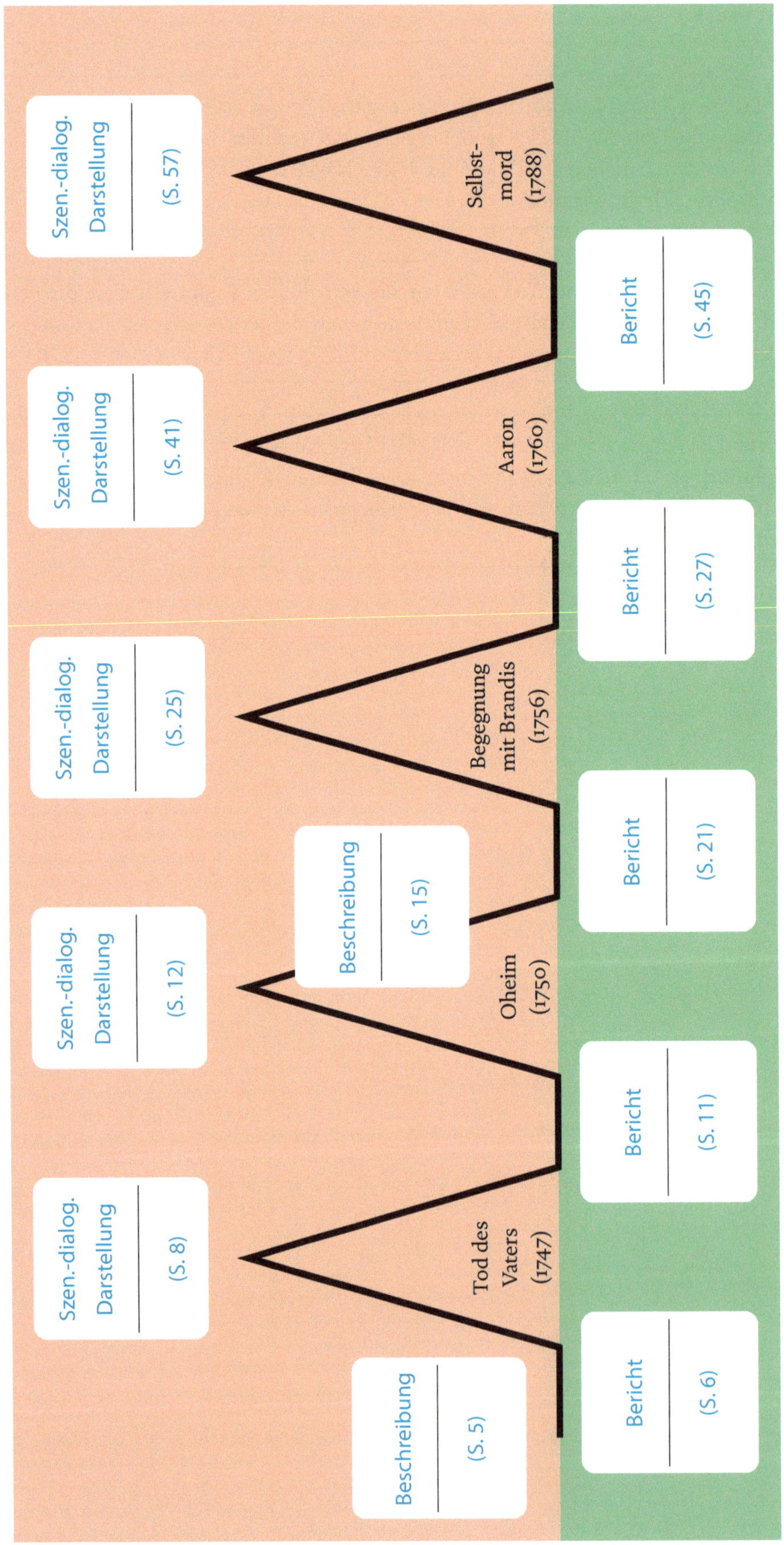

Infoblatt zu »Novelle« und »Biedermeier« erstellen

Gruppe 1: Arbeitsauftrag

1. Erstellt zur literarischen Gattung der NOVELLE ein Infoblatt!

- Was ist eine Novelle (Definition)?
  Die ***Novelle*** als eine literarische Gattung ist eine Erzählung kürzeren bis mittleren Umfangs (kürzer als ein Roman, länger als eine Kurzgeschichte) aus dem Bereich der Epik.
- Woher kommt der Begriff »Novelle«?
  Der Begriff leitet sich vom italienischen ***novella*** (von lat. ***novus***) ab, das heißt ›Neuigkeit‹. Das lateinische Wort ***novella*** bedeutet ›Neuerung in einem Gesetz‹.
- Wie charakterisiert Johann Wolfgang von Goethe die »Novelle«?
  Als »sich ereignete, unerhörte Begebenheit«.
- Welche Merkmale hat eine Novelle?
  - Im Mittelpunkt steht, wie das Schicksal (eines Menschen) eine plötzliche neue Wende nimmt.
  - Sie enthält oft dramatische Elemente.
  - Sie zeichnet sich durch die Kürze und die Einfachheit ihrer Geschichte aus, die sich auf eine zentrale, außergewöhnliche Begebenheit beschränkt.
  - Die Novelle ist glaubhaft in der wirklichen Welt verortet, auch wenn manch Erzähltes unerhört scheint.
  - Es kommen nur wenige Personen vor, die eher eindimensional gezeichnet sind.
  - Die Novelle endet meist mit einem Ergebnis, das den Text im Nachhinein bedeutsam werden lässt (z. B. durch Vermittlung einer Moral).
- Was hat es mit der »Falkentheorie« nach Paul Heyse auf sich?
  Die »Falkentheorie« (vgl. Sachanalyse): Am Beispiel der Novelle vom Falken, einer Geschichte aus Boccaccios ***Decamerone***, hat Paul Heyse 1871 im Vorwort zu der Sammlung ***Deutscher Novellenschatz*** ein Modell der Novellenstruktur vorgestellt, das in den Mittelpunkt ein starkes »Dingsymbol« stellt, bei Boccaccio eben jenen Falken. Nach Ernst wäre das in der Judenbuche die Buche.

2. Überlegt: Was spricht dafür, die *Judenbuche* als Novelle zu bezeichnen?
Überschaubares Personal – dramatisches Geschehen – Buche als Dingsymbol – »Wendepunkte« vorhanden (allerdings gibt es mehrere) – Selbstmord an der Buche als sich ereignende unerhörte Begebenheit – moralhaltiges Ende (vgl. Sachanalyse).

Gruppe 2: Arbeitsauftrag

1. Erstellt zur Literaturepoche des BIEDERMEIER ein Infoblatt!

- Über welchen Zeitraum erstreckt sich die Biedermeierzeit (im Vergleich zu Annette von Droste-Hülshoffs Lebenszeit)?
  Nach dem Wiener Kongress (1815) bis zur Revolution 1848 – die Droste lebte 1797–1848.
- Woher kommt der Begriff »Biedermeier«?
  Er geht auf den Dichter und Jurist Ludwig Eichrodt (1827–1892) zurück, der zusammen mit Adolf Kußmaul die Figur des treuherzigen Gottlieb Biedermaier, eines schwäbischen Dorfschullehrers, erfand und über ihn ab 1855 in den Münchner Fliegenden Blättern und diversen Gedichten schrieb.
- Wie sieht die politische Situation zu der Zeit in Deutschland aus?
  Nach der Niederlage Napoleons wurden die Beschlüsse umgesetzt, die auf dem Wiener Kongress ausgehandelt worden waren. Es ging um eine Wiederherstellung (Restauration) jener Verhältnisse, die vor der Französischen Revolution in Europa geherrscht hatten. Demokratische Bestrebungen und freie Meinungsäußerung wurden unterdrückt.
- Was charakterisiert die Literatur des Biedermeier?
  Rückzug ins Private, Sehnsucht nach Ruhe und Ordnung. Es wird die Liebe zum Kleinen, Alltäglichen und zur Natur deutlich, detaillierte Beschreibungen entstehen. Als Themen wird Historisches aufgegriffen, das Ideal des Schönen und Guten der Klassik wird wiederaufgenommen.
- Welche weiteren literarischen Strömungen gab es zu der Zeit?
  Politisch engagierte Literatur des Vormärz und des Jungen Deutschland.

2. Überlegt: Was spricht dagegen, die *Judenbuche* als Text des Biedermeier zu bezeichnen?
Die ungeschönte Darstellung von Gesellschaftsverhältnissen und Figurenpsyche; zwar intensive Naturdarstellung, aber in oft sehr düsterer und bedrohlicher Weise, die dem biedermeierlichen Idyll widerspricht. Der Kriminalfall wirft die (ja nicht unpolitische) Frage nach Gerechtigkeit auf.